体育教育创新思考与系统训练研究

柳皓严　任思宽　◎著

中国书籍出版社
China Book Press

图书在版编目(CIP)数据

体育教育创新思考与系统训练研究 / 柳皓严, 任思宽著. -- 北京 : 中国书籍出版社, 2024.11. -- ISBN 978-7-5241-0144-4

Ⅰ.G807.4；G808.1

中国国家版本馆CIP数据核字第20257TX864号

体育教育创新思考与系统训练研究

柳皓严　任思宽　著

丛书策划	谭　鹏　武　斌
责任编辑	李　新
责任印制	孙马飞　马　芝
封面设计	守正文化
出版发行	中国书籍出版社
地　　址	北京市丰台区三路居路97号(邮编：100073)
电　　话	（010）52257143（总编室）　（010）52257140（发行部）
电子邮箱	eo@chinabp.com.cn
经　　销	全国新华书店
印　　厂	三河市德贤弘印务有限公司
开　　本	710毫米×1000毫米　1/16
字　　数	242千字
印　　张	15.25
版　　次	2025年5月第1版
印　　次	2025年5月第1次印刷
书　　号	ISBN 978-7-5241-0144-4
定　　价	98.00元

版权所有　翻印必究

目 录

第一章　体育教育概述　　1
　　第一节　体育教育的目标　　2
　　第二节　体育教育的原则　　11
　　第三节　体育教育的方法　　15
　　第四节　体育教育的内容　　21

第二章　我国体育教育发展概况　　25
　　第一节　我国体育教育的发展历程　　26
　　第二节　我国高校体育教育的发展现状　　28
　　第三节　我国高校体育教育的改革与发展　　32

第三章　体育教育创新模式探索　　36
　　第一节　翻转课堂与在线体育教育　　37
　　第二节　体验式学习与游戏化教学　　43
　　第三节　个性化教学与差异化策略　　48
　　第四节　跨学科整合教育模式　　51

第四章　体育运动的系统训练理论基础　　54
　　第一节　体育运动系统训练的理论　　55
　　第二节　体育运动系统训练的基本原则　　62
　　第三节　体育运动系统训练的方法与手段　　64

第五章　田径运动科学训练探索　　　69

第一节　竞走项目科学训练　　　70
第二节　跑类项目科学训练　　　75
第三节　跳类项目科学训练　　　84
第四节　投类项目科学训练　　　93

第六章　球类运动训练研究　　　104

第一节　球类运动训练的科学原理　　　105
第二节　大球运动训练　　　112
第三节　小球运动训练　　　162

第七章　其他项目科学训练探索　　　189

第一节　体操项目科学训练探索　　　190
第二节　游泳项目科学训练探索　　　198
第三节　跆拳道项目科学训练探索　　　215
第四节　武术项目科学训练探索　　　230

参考文献　　　234

第一章 体育教育概述

随着社会对人才综合素质要求的日益提高，体育教育的重要性愈发显著，成为学校教育中不可或缺的一环，对于促进人才的全面发展发挥着关键作用。本书将以高校体育教育为核心，深入解析体育教育的核心概念，并系统性地梳理其目标、原则、方法及内容，旨在为全面理解体育教育的基础理论及其在高校教育体系中的地位提供清晰框架。

第一节 体育教育的目标

一、高校体育教育目标概述

（一）高校体育教育目标的概念

高校体育教育目标是指在高等教育阶段，通过体育教学和其他体育活动，预期达到的教学结果和标准。高校体育教育目标是高校体育教育的出发点和归宿，并决定着体育教学的方向和内容。

高校体育教育目标的内容具体包括以下几方面：

（1）增强学生体质：通过体育教学和锻炼，提高学生的身体素质，包括力量、速度、耐力、柔韧性和协调性等，为学生学习和未来的工作打下坚实基础。

（2）促进学生身心健康发展：体育教学不仅关注学生的身体健康，还注重学生的心理健康。通过体育活动，可以帮助学生释放压力、调节情绪、增强自信心和培养团队合作精神，从而促进学生身心的全面发展。

（3）培养学生的终身体育意识和体育能力：高校体育教育旨在让学生了解和掌握体育与健康的基本知识，培养学生的终身体育意识和体育能力。通过体育教学，学生能够学会科学的锻炼方法，养成自觉锻炼的习惯，为终身体育奠定基础。

（4）形成科学的生活方式：高校体育教育还注重引导学生形成科学的生活方式，包括合理的饮食、规律的作息、适度的运动等。这些良好的生活习惯有助于学生保持健康的体魄和充沛的精力，为学习和将来的工作提供有力保障。

（二）高校体育教育目标的特点

高校体育教育目标是教学双方须一致遵循的基准，对于教师而言，它构成了教学的目标；对于学生而言，则构成了学习的目标。具体来说，具有以下两个特点。

1.体系化与具体化

高校体育教育是一套完整的、复杂的体系，涉及多个学科的知识和理念，必须将这些知识进行系统化整合，并以最有利于学生接受的方式进行组织和安排，因此体系化是其最明显的特征。在制定高校的体育教学目标时，教纲编写者要将教育目标精心编织成一个既横向交织又纵向递进的综合性体系。具体而言，在横向维度上，针对不同的学习范畴，体育教学设定了既独立又协同的目标，它们相互映照，共同构成了一个完整的图谱；而在纵向层面，这些目标则被细化为学段、学年、单元乃至课时等多个层级，每一层级的目标都清晰界定，逐级提升，形成了连贯且递进的发展路径。其中，较低层级的目标是较高层级目标的具体实践，而较高层级目标的实现则建立在低层级目标成功达成的基础之上。

至于高校体育教学目标的具体化，它强调在设定目标时，必须详尽阐述学生应执行的任务、执行任务的特定情境以及预期达到的标准。这种具体化不仅是教学活动实施的有效指南，也是教学成效评估时能够量化的基准，从而确保教学目标实际应用价值的有效发挥。

2.前瞻规划与动态调整

在高校体育教学的筹备阶段，教育者便展现出对教学成果的前瞻规划，他们预先构想体育教学将如何有效增加学生的体育知识储备、提高其技术熟练度和技能掌握程度，以及促进身心的全面健康发展。这种前瞻性的目标设定，凭借其科学性、细致性与清晰性，为高校体育教学的整体推进提供了明确的指引方向。

同时，由于高校学生具有更多的独立性和个性需求，这就对高校的体育教育目标提出更高的要求，必然要具备显著的适应性才能满足不同学生的不同需求，从而促进他们身心的全面成长。这种灵活性确保了教学活动的有效性与针对性。因此，在制定高校体育教育目标时，必须综合考虑学生对教学内容的实际需求、教学条件的差异、学生的学习特性以及课时安排等多元因素。这要求教师能够因学校而异、因课程而异、因班级而异，依据具体的教学情境灵活调整目标内容，确保目标具有一定的灵活性和适应性，以便在实际教学中灵活应用。

一般地，教育目标也是教育理念在实践层面的具体体现和细化操作，它着眼于教学活动的细微之处，要求表述精准、明确且避免模糊性。相对而言，体育教育理念则是对体育教学领域的全面理解和总体把握，它在最广泛的层面上构建了一个宏观的理论架构，为整个体育教育系统，包括体育教育目标在内，提供了方向指引。从这一维度出发，体育教育理念与体育教育目标之间存在着一种紧密的逻辑关联。然而，两者在关注的重点上又呈现出明显差异。教育理念注重在理论和宏观层面的深入探讨，其表现形式较为抽象，目的是为体育教学奠定坚实的理论基础，并提供宏观层面的指导方向。而教育目标则更加具体和明确，它们直接指导具体的教学实践，成为高校教学活动的行动指南和规范标准。

（三）高校体育教育目标的分类

1.国内学者对高校体育教育目标的分类

（1）体育融入生活

体育教育的任务首先是激发个体对体育运动的热情，促使他们主动投身于体育活动之中；其次是指导个体运用科学、合理的方法来参与体育锻炼，让运动成为生活的一部分，为终身体育做好准备。

（2）技能精进之路

在运动技能领域，体育教育的目标涵盖四大方面：

第一，要确保学生参与体育活动时的个人安全，为技能学习打下坚实基础。

第二，指导学生掌握基本的运动理论知识，为实践提供理论支撑。

第三，指导学生深入学习并熟练掌握各类运动技能，提升运动表现。

第四，拓展学生的多种运动能力，比如指导他们掌握野外活动的基本技巧，从而拓宽运动的领域，为培养浓厚的运动兴趣打下基础。

（3）健康体魄的塑造

在身体健康领域，体育教育的目标聚焦四个方面：

第一，引起学生对身体健康状况的持续关注与重视。

第二，指导学生深入理解营养、环境及不良习惯对身体健康的具体影响，为健康生活提供科学依据。

第三，教会学生注重体态姿势的正确性，预防运动损伤。

第四，全面提升学生的体能水平，塑造强健体魄。

（4）心理健康的保障

在加强心理健康保障这一领域，体育教育目标涵盖以下三个方面：

第一，教师要充分理解体育活动与自尊、自信之间的联系。

第二，教师需深入认识体育活动对心理健康的促进作用，并明晰身体与心理发展之间的内在联系，从而科学指导学生进行体育锻炼。

第三，指导学生学会运用体育活动等手段来调节情绪状态，进而培养面对困难时坚韧不拔的意志品质。

2.国外学者提出的教育目标分类

（1）美国学者的教育目标分类

以布鲁姆、加涅以及海德洛特等人为代表的美国学者，就体育教育目标的研究对体育教学有着较为深远的影响力。布鲁姆及其研究团队独树一帜地将教育目标分为认知、情感与动作技能三个领域。这三个领域各自又包含着多层次、多维度的亚目标体系。具体而言，认知领域被进一步细化为知识掌握、理解领会、实践运用、深度分析、综合整合以及批判评价等多个亚类别，每一亚类别之下又衍生出更为精细的子类别。以深度分析为例，它被进一步分解为要素剖析、关系探索以及组织原理的解析，每一子类别都代表着对不同层面认知能力的深入挖掘与培养。

加涅基于学习成效的多样性，创造性地将体育教育目标细分为五大维度。首要维度是运动智谋，它强调学生运用概念与符号知识，在与环境的互动中展现出高效操作的能力，这种能力体现在诸如观看足球比赛时，能迅速识别并评价场上动作是否符合规则。其次，他引入了学习策略的概念，这指的是学生在调控自身注意力分配、学习节奏、记忆强化及思维逻辑方面所展现的技巧，包括信息编码的精巧方法、记忆搜寻的有效路径、资料检索的高效策略以及深度思考的灵活技巧，例如，通过综合分析理解有氧运动对体重管理的积极效益。再次，言语信息指的是那些"已知事实"的知识，是学生能够清晰阐述的内容，例如，详细阐述奥林匹克运动的核心价值。然后，动作技能强调的是学生在体育活动中的实际操作能力，如能够优雅流畅地完成整套健美操动作。最后，态度则反映了学生对体育活动的偏好与选择。

海德洛提出了一个四维度的分类框架，这一框架涵盖了认知目标、情感目标、运动技能目标以及增强体质目标。他进一步对这四个维度的目标进行了细致的主次划分，分别标记为"首要、次要、再次、辅助"。以认知目标为例，可以具体看到这一划分的实践应用。海德洛特强调理解身体活动与健康之间的紧密联系，认为这是认知目标中最为关键的一环。紧随其后的是对活动规律的认知，它虽然不如健康关联那般重要，但在体育学习中同样占据着重要位置。在次要层级上，他提出了对运动基本要求的掌握，这是确保体育活动顺利进行的基础。最后，在辅助层级上，他提到了对运动基本方法和生理机制的了解，虽然这一内容在认知体系中相对次要，但仍是构建完整体育知识体系不可或缺的一部分。

（2）日本学者的教育目标分类

日本学者在体育教育目标分类方面有着深入的研究，其中梶田叡一的研究成果尤为突出。他将教育目标分为三大类：首先是运动基础知识和技能这些基础目标；其次是发展性目标，旨在引导学生在特定方向上不断进步和成长；最后是体验性目标，这类目标并不追求外显的行为改变，而是注重学生内在情感或认知上的独特感受，比如通过师生间的互动与沟通，促进学生之间的交流与合作，激发学生的创新思维等。

（四）高校体育教育目标的功能

1.为高校体育教学过程提供指导

清晰的体育教育目标是高校体育教学实践的一盏灯塔，它不仅为师生的课堂互动确立了清晰的方向标，还深刻影响着教学方法、手段、组织形式的选择，乃至场地器材的运用与情境创设的构思。这一系列决策皆须围绕既定目标展开，确保教学活动有的放矢，聚焦核心，减少无效干扰，从而避免盲目与低效，为教育目标的圆满达成奠定坚实基础。因此，设定合理的教育目标，是保障高校体育教学成效的先决条件。

2.构建高校体育教学成效的度量衡

高校体育教育目标不仅是教学的导向，更是教学效果评估的基准尺。我们依据既定目标，对教学成果进行客观、量化的评估，从而精准判断教学是否达到预期目标及其实现的程度。缺失了科学的评价标准，评估的有效性、可靠性、难度与区分度将无从谈起，进而影响到教学效果反馈的真实性与准确性。因此，精心制定体育教育目标，对于提升教学评估的科学性、促进教学质量的持续优化具有举足轻重的意义。

3.点燃高校学生体育热情的火种

清晰明确且与学生内在需求相契合的高校体育教育目标，能够成为点燃学生参与体育活动热情的火种。对目标的认同与适宜的教学难度，是激发学生兴趣与动力的关键。只有当教育目标与学生内心的渴望相呼应，才能真正触动他们的心弦，激励他们主动投身于体育教学活动中，享受运动带来的乐趣与成就感。如果体育教育目标超出了学生的潜在发展水平，可能会因为难度过大而让学生感到挫败，从而失去参与的动力；相反，如果目标设定得过低，与学生现有的能力相当或更低，又会因为缺乏挑战性而无法激发学生的兴趣。因此，一个恰当的目标应当位于学生的最近发展区内，这样既能提供足够的挑战，又能保持在学生的可接受范围内，从而能够维持他们的学习动力。长期来看，有助于学生不断发展和进步。

二、高校体育教育目标的设计

（一）高校体育教育目标设计的原则

高校体育教育目标的设计工作，需遵循一定的指导原则，以下是最常见的几条设计原则。

1. 遵循科学导向原则

（1）体育目标是高校体育的核心使命，它要凸显出教育价值与专业特色。

（2）依据体育教学的具体内容，深入分析其内在结构与特质，精准识别教学重难点，为目标制定奠定坚实基础。

（3）确保教育目标难度适宜，既具挑战性又可实现，这要求充分考虑学生的现实情况，比如他们的认知能力、性格特点、兴趣方向及学习偏好等，确保目标符合大多数学生的能力范围。

（4）目标表述须具体清晰，具备高度的可操作性，即能够明确预期的学习成效。因此，在表述时，应选用准确无误的词汇，避免使用模糊表述，如"知晓""习得"等，以促进目标的精准执行与有效评估。

（5）在制定目标时，还需充分考虑学校的实际物质条件，包括运动场地、器械装备及设施状况，确保所设目标既符合教学需求又切实可行，避免脱离现实基础的理想化设定。

2. 遵循整体性原则

（1）教育目标应体现不同学段、学年、单元和课时之间的连贯性和衔接性，确保学生在各个阶段的学习能够顺畅过渡。

（2）不同学习领域的目标应当相互协调、互相补充，形成一个全面而系统的教学框架。

（3）教育目标不仅要顾及学生目前的成长水平与学习要求，还应放眼未来，确保学生在迈向下一阶段或踏入社会时，依然能保持对体育活动的热情和参与感。

3. 遵循灵活性原则

在以人为本的教育理念指导下，设计高校体育教育目标时必须遵循灵活性原则，因为只有这样才能为学生提供学习支持。预先设定的教育目标是否合适，需要通过实际教学实践来检验。因此，教师应根据学生的实际情况，灵活制定教育目标。比如，当学生在某一阶段感到学习吃力的时候，教师应该有能力自主分解原教育目标，或者适当降低难度，这样既能满足不同学生的需求，又能确保教育目标的实现。

（二）高校体育教育目标设计的依据

1.高校学生身心发展的特点

（1）生理层面，高校学生正步入青年初期，展现着成长中的动态平衡与微妙变化，以及显著的生理适应能力。他们身高增速渐缓，体重步入稳态，性征发育趋于完善。心脏泵血能力提升，心血管系统展现出强大的适应与恢复力，足以应对高强度运动挑战，且适宜的体育锻炼能进一步强化身体系统。他们骨骼坚硬，承受力增强，大肌群迅速壮大，但小肌群的发展稍显滞后。20岁左右的大学生，他们神经系统发育已经近乎成熟，机体的功能效率显著提升，整体灵活性较强，这些都为良好的运动表现奠定了基础。

（2）心理层面，高校学生的心理特质呈现为成长中的不成熟、易变与多元。自我意识飞跃，心理调控由外转内，主动性大增。意志坚韧，勇于面对挑战，责任感逐渐成形。他们的性格轮廓日渐清晰，个性逐渐形成，并发展出自觉行动的成熟性格。性别心理差异显现，男生倾向于通过体育展现力量与勇气，女生则偏爱温和，对高强度运动持回避态度。

2.高校学生对体育的多元需求

（1）大学生的体育需求多元化，涵盖健身塑形、休闲放松、观赏娱乐及竞技挑战等多个维度。

（2）期望精通数项运动技能，以二至三项为最佳。

（3）偏好灵活多变的学习方式，如选修课程、专题研讨、俱乐部及社团活动。

（4）对体育文化的传播抱有浓厚兴趣，渴望深入了解。

（5）视体育活动为塑造体育价值观的重要途径，期望在此过程中有所收获。

三、高校体育教育目标的改革发展

我国政府一直非常重视体育教育，对体育教育目标的研究也从未停歇，尤其在20世纪90年代后，这一议题的研究视角变得更加多元化、多维度，标志着理论探索与实践创新取得了显著进展。

（一）个性化成为高校体育教育目标的鲜明导向

在传统的高校体育教育目标设定中，往往忽视了不同学习阶段与年级间的差异性，目标表述笼统且缺乏针对性，难以充分展现各阶段学生特有的教学需求。因此，当前高校体育教育目标正朝向更加灵活与个性化的方向迈进，这一趋势主要体现在两个层面：

一是教育个别化的深入实践，意味着体育教学需紧密贴合每个学生的身心特质，包括他们的天赋潜能、兴趣偏好、特长技能及价值追求等个性化因素，以实现因材施教。

二是教育特色化的积极探索，旨在根据不同学校、学习阶段或年级、班级的具体情况，制定具有鲜明特色的教育目标、课程体系、教学方法及评估机制，如打造独特的培养目标、设置个性化的专业课程等，以彰显教育的多样性与创新性。

高校体育教育目标个性化的发展趋势，在教学规划与实施中日益凸显其重要性，值得教育界深入思考与持续关注，以推动体育教学质量的全面提升。

（二）高校体育教育目标向多维度发展

随着社会各界对高校体育教学价值认知的持续深化，现代高校体育教学的角色与定位，已经远远超越了传统意义上单纯强调生物性发展的狭窄范畴。它不再仅仅聚焦学生体质的增强和生物机能的提升，而是实现了质的飞跃，深度融合了生物学、教育学、心理学以及社会学等多个维度的理念与精髓，从而构建起一种全面的功能观念体系。

在崭新且富有前瞻性的功能观指引下，学校体育教学的内涵与外延得到了极大的丰富与拓展。它不再仅仅局限于健身这一单一而片面的目标，而是如同百川汇海一般，广泛吸纳并融合了教育启迪的深远意义、心理健康促进的积极作用、娱乐休闲的轻松愉悦、文化传承的深厚底蕴以及审美培养的高雅情趣等多重领域与层面。

相应地，高校体育教育目标的设定也呈现出一种多元化的趋势。这些目标不仅更加贴近学生的实际需求，更加关注学生的个性化发展，而且致力于在更广阔的范围内、更深的层次上，充分发挥体育在推动学生综合素养全面提升中的不可替代的关键作用。通过这样的设定，高校体育教学得以更好地服务于学生的全面发展，为培养身心健康、具备良好社会适应能力和创新能力的高素质人才奠定坚实的基础。

（三）高校体育教育目标的人文转向

进入21世纪，随着"以人为本"教育思想的广泛传播，高校体育教育目标亦悄然发生着人文主义的深刻转型。面对科技进步与社会竞争的双重压力，环境污染、生态危机、精神空虚及道德滑坡等现代社会问题日益凸显，促使"人文主义"及"以人为本"的教育理念在全球范围内获得空前重视。在此背景下，美国心理学家马斯洛等人对传统教育忽视个体发展需求的批判，进一步推动了教育人文关怀的回归。受此影响，高校体育教育目标的制定开始注重倾听学生的心声，关注他们的心理体验与情感需求，强调个体身心和谐与全面发展。因此，高校体育教育目标日益凸显出浓厚的人文色彩，致力于满足学生在体育活动中的个性化需求与期望，促进他们身心健康与全面发展。

第二节 体育教育的原则

高校体育教育原则，作为体育教学长期实践经验的提炼，是对体育教学客观规律的深刻洞察，为体育教学工作提供了不可或缺的行为指南。深入理解和有效贯彻这些原则，对于体育教师而言，意味着能够更精准地把握体育教学的本质规律，进而优化教学流程，提升教学质量，确保体育教育目标的圆满达成。

一、遵循以学生为主体的原则

以学生为主体的原则是现代教育理念的重要思想，对挖掘学生的潜力和才能具有重要作用。这一原则之所以至关重要，原因有二：

其一，它深刻契合了体育教学的内在逻辑。学生是体育课堂的主角，教师的所有教学安排都须围绕激发学生的主动学习动力而精心设计。在大学体育中，无论是体育教学、运动技能训练，还是锻炼身体，都离不开学生的积极参与和自主努力。唯有当学生满怀热情，全身心投入，体育教学方能真正触及心灵，让学生在享受运动乐趣的同时，掌握技能，达成目标。

其二，它积极响应了素质教育的时代呼唤和体育课程改革的迫切需求。素质教育高举学生主体性的旗帜，要求在教学中充分尊重学生的主体地位，激发他们的主体意识。这不仅要求教师在课堂中赋予学生更多主动权，鼓励他们主动探索、积极创造，更期望通过体育教学培养出具有鲜明个性和卓越能力的新时代青年。因此，将学生置于体育教学的中心位置，是时代赋予我们的必然选择。

遵循以学生为主体的原则要求做到以下几点：

（1）教师要关注学生的兴趣点，现代学习理论认为，非智力因素如兴趣、动机、情感等，在学习中的作用不容小觑，它们能为体育教学提供强大的内在动力。

（2）尊重并珍视学生的个体差异，通过体育教学促进每个学生个性的发展，让每一名学生都能在适合自己的节奏中茁壮成长。

（3）精心设计和准备体育教学活动，使学生能够积极参与其中。在教学过程中，应将学习、练习和提问相结合，同时鼓励学生进行创新，使他们在实践中不断进步和发展。

二、遵循技能教学为主的原则

高校体育教学应当坚守以技能教学为主的原则，这一原则深深植根于体育教育目标的内在要求之中。新课程标准清晰界定了运动技能掌握作为关键目标之一的重要地位，凸显了运动技能学习不仅是体育教学的核心内容，也是达成其他教育目标的重要基石。这一原则的遵循，源自体育学科独有的技能导向特性，它区别于其他学科，强调让学生在动态的运动实践中亲身体验运动魅力的同时，也感受到它的挑战。学生通过自己的经历认识到，要想掌握任何一种技能，都必须付出相应的努力，并持之以恒。这不仅是对学生体育能力的培养，也对其心智发展具有重要意义。熟练掌握一定的运动技能，或者某个运动项目的运动技巧，是学校体育体系构建与实施的逻辑起点，应贯穿整个体育教学的始终。

在遵循技能教学为主的原则过程中需注意以下几点：

第一，在高校体育教学的实践中，对于教师来说，要避免将体育教学过度竞技化，高校的体育教学不应简单复制运动训练的模式来追求技能的精准掌握，因为体育教学与运动训练的本质目的和实施方式存在显著差异。此外，在运动技能的教学过程中，教师应将其与相关的理论知识传授、兴趣激发、能力培育以及个人全面发展紧密结合，形成一个相互促进的有机整体，避免狭隘地只追求某一局部技能的提升。而且，高校的体育教学更强调学生身体素质的提升和运动兴趣的培养，这是与竞技训练最大的区别。

第二，对于学生而言，在高校的体育学习中，他们需面对时间紧迫、人数众多以及场地设施有限的现实挑战，因此，应强调"全员参与、基础掌握、初步应用"原则，确保每个学生都能在有限条件下获得必要的技能学习机会。同时，在学习和掌握体育动作技能的过程中，学生需关注自身生理与心理的承受能力，合理安排训练的强度与训练量，同时保证充分的睡眠和休息，以预防运动伤害，保障安全。

三、遵循身心全面发展的原则

身心全面发展原则是我国体育教育体系中另一项至关重要的指导原则，它深刻反映了国家对青年学生身心健康发展的深切关怀与全面规划，为体育教育的实践提供了坚实的理论基础与行动指南。这一原则不仅强调了高校体育在促进大学生体质增强方面的作用，还高度重视其在心理、情感及社交能力等方面的积极影响，致力于培养全面发展的个体。

首先，体育教师应紧密围绕学生身心发展的实际需求，设计科学合理的教学计划。其次，体育课程内容需融入心理健康教育元素，如通过体育游戏、团队拓展等活动，增强大学生的自信心、抗挫折能力和社交能力。再次，体育教师应成为学生身心健康的引路人，不仅要传授运动技能，更要关注学生的心理状态，及时发现并解决他们在学习、生活中遇到的心理困扰。通过开设心理健康讲座、设立心理咨询角等方式，为学生提供专业的心理支持与指导，帮助他们树立健康的心态，实现身心的和谐统一。最后，学校应构建完善的体育与健康教育体系，将体育教育、健康教育、心理辅导等资源整合起来，形成一个相互促进、协同发展的良好生态。

另外，为促进大学生身心健康发展，高校还应通过定期体质监测、心理健康筛查以及个性化的干预，确保每个学生都能在身心全面发展的道路上稳步前行，成长为健康、自信、有责任感的社会成员。

四、遵循终身体育的原则

终身体育原则反映国家对青年学生身体健康的高度重视，它直接影响着国家未来发展和建设的情况。这一原则对体育教学实践以及体育教师的专业素养提出了具体而明确的要求，旨在构建一个贯穿个体一生的体育学习与锻炼体系。

第一，在设计和实施体育教学的过程中，教师应当将学生体育兴趣的培养与良好锻炼习惯的养成视为首要任务。通过创新教学方法，如情境教学、游戏化学习等，使学生在轻松愉快的氛围中体验到体育运动的乐趣，进而在学习过程中逐步树立起持续锻炼的自我意识，为终身体育打下坚实的基础。

第二，为了让学生能够在多样化的体育项目中找到适合自己的运动方式，教学内容必须涵盖广泛且多样的体育项目与技能。这要求教师在进行课程规划时，既要考虑到传统体育项目的传承，也要积极引入新兴、时尚的运动项目，以满足不同学生的个性化需求，帮助他们掌握多项运动技能，拓宽体育视野。

第三，课堂教学与课外活动应互补，共同作用于学生体育认识的深化与参与度的提升。通过组织专题讲座、观看体育赛事视频、参与体育知识竞赛等形式，引导学生深入理解体育锻炼对于身心健康、社会交往等方面的积极影响，从而激发他们的内在动力，使他们对体育活动产生兴趣。

第四，在评价学生的体育成绩时，评价体系应更加全面与科学。除了关注学生的当前技能水平外，还应将学生的体育态度、兴趣以及日常参与度纳入评价范畴，以此鼓励学生全面发展，既重视技能的精进，也不忽视对体育精神的追求与体育文化的传承。这样的评价方式有助于培养学生的终身体育意识。

第三节　体育教育的方法

一、体育教育方法概述

（一）高校体育教育方法的含义

高校的体育教育，相较于小学和中学的体育教育而言，不仅层次更为深入，而且拥有一套独特、全面、系统的教育方法。这种方法旨在满足大学生在该阶段特有的发展需求，通过一系列目标明确、结构层次分明的教学与互动环节，来有效地促进学生的全面发展。

当深入探讨大学阶段的体育教育方法时，必须清晰地认识到它与普通教育方法之间存在着显著差异，同时，它与中小学阶段的体育教育方法也有区别。具体而言，对于已经步入青年时期的大学生来说，他们对体育运动的需求变得更为多元化，这不仅是他们健康生活中不可或缺的组成部分，更是他们展现自我、提升综合素质的重要途径。此外，大学生在进行体育运动时，对于技能技巧的追求，相较于中小学时期以及普通大众而言，明显更为强烈和迫切。因此，高校的体育教育方法应该更强调系统化，更加深入，而不仅仅满足于对运动技能的掌握。

（二）高校体育教学方法的分类

体育教学方法种类众多，一般依据不同的应用场景或者主要特点而进行分类，以下是四种常见的类型。

1.以语言传递信息为主的教学方法

（1）讲解法

教师运用语言向学生说明教学目标、动作名称、动作要领等，以指导学生学习和掌握体育的基本知识、技术和技能。

（2）问答法

教师和学生以口头语言问答的方式完成体育教学，有助于提高学生的思维能力和表达能力。

（3）讨论法

在教师的指导下，学生围绕教材的中心问题各抒己见，通过讨论或辩论活动获得体育知识或辅助运动技能学习。

2.以直接感知为主的教学方法

（1）动作示范法

教师以自身完成的动作为示范，用以指导学生进行学习。这种方法在使学生了解所学动作的表象、顺序、技术要点和领会动作特征方面具有独特的作用。

（2）演示法

教师运用展示实物、模型或图片等直观教具，使学生获得感性认识。

3.以身体练习为主的教学方法

（1）分解练习法

将完整的动作分成几部分，逐段进行教学。这种方法适用于技术动作难度较高且又可分解的运动项目。

（2）完整练习法

从动作开始到结束，不分部分和段落，完整、连续地进行教学和练习。它适用于"会"和"不会"之间没有质的区别或技术动作难度不高且没有必要进行分解的运动项目。

（3）循环练习法

设置若干个相应的练习站（点），学生按规定顺序、路线和练习要求，逐站依次练习并循环。这种方法有助于提高学生的身体素质和运动能力。

4.以情景和竞赛活动为主的教学方法

（1）运动游戏法

通过组织游戏进行体育教学，有助于培养学生的兴趣和团队合作精神。

（2）运动竞赛法

通过组织学生比赛进行技能学习和练习，有助于激发学生的竞争意识和进取心。

二、高校体育教学方法的选用

（一）依据教学目的、任务与内容选用

选择教学方法最主要的是依据教学目标、任务和内容。教学方法是落实教学目的和教学任务的关键，也是使教学内容发挥作用的必要途径。例如，在传授新知识的课程中，语言讲解、示范及演示等方法可能更为适用；而在

技能练习课程中，练习法和竞赛法则占据主导地位。此外，在课程单元的不同阶段，教学方法的选择也应有所调整：在课程初期，发现法和游戏法更有助于激发学生的学习兴趣；而在课程后期，小群体教学法和竞赛法则更有利于提升学生的技能水平。

（二）依据教师与学生的特点选用

在挑选适用于高校体育教学的方法时，教师自身的特质与学生的具体状况同样不可忽视。体育教师的个人条件与专业优势，在教学方法的选择中扮演着举足轻重的角色。只有当教学方法与教师的个人条件及特长相得益彰时，才能获得最佳的教学效益。即便某种教学方法本身极具价值，但若教师缺乏相应的实施能力，也难以达到理想的教学效果。因此，教师应基于自身的优势，发挥所长，规避所短，选取最适合自己的教学方式。

举例来说，若某位体育教师拥有良好的形象，善于表达，而且具有独特的人格魅力，能够将自己最擅长的体育技能无私地传授给学生，那么就会获得学生的尊敬和认可，使学生在上体育课时更有积极性和主动性；若某位体育教师尽管不善言辞，但是在身体素质与运动技能方面表现出众，那么他可以通过亲身示范与辅助练习的方式，激发学生的求知欲与信赖感；若某位体育教师幽默风趣，那么他可以利用恰当的幽默元素来进行教学，或机智应对课堂突发状况；若某位体育教师给人以庄重之感，则应发挥自身教学严谨细腻的优势，并多采取正面引导与教育的方式。

在招聘体育教师时，高校应当重视教师队伍的多元化构成，以便更好地适应学生的特性。此举能确保每位教师都能充分施展其独特的教学技巧，并充分满足大学生日益增长的个性化学习需求。

（三）依据教学方法的适用条件与时机选用

在挑选适用于高校体育教学的方法时，还需关注教学方法的适用情境与最佳应用时机。这是因为，没有一种体育教学方法是适用于所有教学内容的，每种方法都有其独特的功能、特定的应用场景以及相应的使用条件，同时也有各自的优点与局限。此外，体育教学方法的应用效果会受到教学过程中众多变量的影响，其成效时而显著，时而不尽如人意。举例来说，详尽的理论讲解在某些情境下能够启发学生的思维，而在其他情境下却可能显得冗长乏味；游戏教学法在某些时候能够增添课堂活力，而在其他时候则可能显得过于幼稚；多步骤的教学流程在特定情境下能够循序渐进，而在其他情境下则可能显得烦琐；组织比赛在某些时候能够激发热情，而在其他时候则可能让人感到无趣或尴尬。

因此，根据具体的教学需要和时机，选择最适用的教学方法是高校体育教学实践中的重要环节。

三、高校体育教学方法的发展趋势

当前，高校的体育教育方法正经历着一场深刻变革，呈现出日益现代化、个性化、自主化以及心理学化的趋势，这些变化对体育教育的整体发展与革新产生了极为显著且深远的影响。

（一）高校体育教学方法趋向个性化

高校体育教学方法的个性化，标志着体育教学方法的发展取得了显著飞跃。学生在体育活动中的学习效果，往往深受其体质条件的影响。然而，传统的体育教学体系侧重于教师的中心地位，强调统一标准，这在很大程度上影响了学生的个性化成长。鉴于此，采取能够适应学生个体差异的教学策略变得尤为关键。此外，这一转变还彰显了致力于使所有学生平等受益的教育公平理念。

（二）高校体育教学方法趋向自主化

高校一直都是一个社会思想和学术的前沿阵地，对教育方法的推陈出新也具有引领作用。当前，高校在体育教学方面逐渐走向高度自主化，即不再依赖教师的单方面主导和输出，而是极大地激发了学生的自主性。由于互联网的高度发达，学生可以自主获得丰富的体育学习素材，以及方法指导。因此，现代大学生拥有更多的学习机会和手段，他们可以根据自身的兴趣和需要，自主选择学习资源，从而极大地提升体育学习的效率。但是这并不代表体育教师在教学中的位置不再重要。事实是，体育教师在体育教学中的作用发生了根本性的变化，他们的职责不再局限于讲解教案上既定的教学内容，更多的是与学生建立良好的互动关系，通过深入了解学生的特点和兴趣，提供科学的、有针对性的指导，助力学生的自主化学习。

（三）高校体育教学方法趋向心理学化

随着各个学科研究的不断深入和融合，高校体育教学从各个方面都有了显著的变化。就教学方法而言，绝不仅仅局限于对运动技能的教授和指导，而是通过体育教学，从知识维度、技能维度和心理维度培养学生。随着社会文明的进步，人们对心理教育越来越重视。在高校的体育教学改革中，教学方法不断去芜存菁，并逐渐趋向心理学化。这主要体现在深入地挖掘学习的内在机制，并将这些研究成果转化为推动体育教学改革的具体行动指南。例如，通过对分散练习与集中练习各自特性的细致研究，可以指导教师选择更适合学生心理发展水平的教学方法。

（四）高校体育教学方法趋向现代化

现代化趋势主要体现在教学设施的革新上。举例来说，视频技术的融入，不仅拓宽了学生的视野，使之打破了体育课堂的物理界限，还向他们呈现了课堂上难以直观感受的体育知识。同时，计算机辅助教学手段的引入，借助多样化的教学软件，为体育教学开辟了一个全新的感知维度。值得注意的是，鉴于体育教学的独特性，其现代化进程相较于其他学科可能稍显迟缓，但不可否认的是，这一趋势不可阻挡，并推动着体育教育变革加速向前发展。

第四节 体育教育的内容

一、高校体育教育内容的选择

（一）选择范围

1.运动参与类内容

第一，从活动参与者的数量来看，运动参与类内容涵盖了个人独自进行的运动项目与需要多人协作的集体运动。

第二，根据参与活动时的心理状态，可以区分出从初步接触到逐渐接受、由兴趣激发至热爱、从自愿参与到自觉行动，以及基于自信的表现与展示等多种层次。

第三，从人体解剖学的角度来看，活动被划分为上肢、下肢的独立运动，以及躯干和全身的整体运动。

第四，从人体活动的基本模式出发，活动类型包括行走、奔跑、跳跃、投掷、攀登、跨越障碍、悬挂支撑与维持平衡，以及力量对抗等。

2.体育知识与技术类内容

体育知识与技术类内容是学生体育活动不可或缺的重要组成部分，它不仅涵盖广泛的体育理论知识，还包括各种运动技能的实际操作与技巧。

从体育理论知识的角度来看，学生需要掌握不同运动项目的规则、战术策略、运动生理学的基础知识（如能量代谢、肌肉工作原理等）、运动损伤的预防与处理、营养与补水的重要性等。这些理论知识为学生提供了理解体育活动深层次原理的框架，帮助他们更好地指导自己的运动实践。

在技术层面，学生需要学习和掌握各种运动的基本动作、技巧以及进阶技能。这包括球类运动中的传球、接球、射门、运球技巧；田径项目中的起跑、加速、跳跃、投掷技术；体操和舞蹈中的平衡、协调、柔韧性和力量展示，以及水上运动、冰雪运动等特定环境下的特殊技能。此外，学生还需学会如何根据比赛或训练的需要，灵活运用这些技术，调整战术布局，以达到最佳的运动表现。

体育知识与技术的学习是一个持续过程，它不仅要求学生具备扎实的基础，还需要通过不断的实践、反思与修正，逐渐提升技能水平，形成自己的运动风格。

3.体育活动体验类内容

体育活动体验类内容能够使学生在参与体育活动的过程中产生个人体验、情感反应、心理调适。

一方面，学生在参与不同种类的体育活动时，会获得丰富的感官体验和心理感受。例如，在户外探险活动中，他们可以感受到大自然的壮丽景色，体验到冒险的刺激与乐趣；在团队竞技项目中，他们则能体验到团队协作的力量和胜利的喜悦。这些经验不仅丰富了学生的生活，也促进了他们身心的健康发展。

另一方面，在运动中，学生可能会遇到失败、挫折、甚至受伤的情况，但这些经历也让他们学会如何调整心态、克服困难、保持积极向上的精神面貌。此外，体育活动中的团队合作经验也是一笔宝贵的财富，它教会学生如何与他人沟通、协作，共同完成任务，这对于提高他们的社会适应能力和人际交往能力都有着重要的促进作用。

（二）选择标准

1.符合高校体育教学的核心目标

无论处于哪个历史阶段，教育始终与社会发展的步伐紧密相连，相互促进。在当下这个信息爆炸、科技日新月异、经济蓬勃发展的时代，我国高校的体育教学展现出了前所未有的深度布局，其教学内容犹如一幅色彩斑斓的拼图，每一块都蕴含着独特的教育价值与意义。明智的决策在于精准地匹配这些教学内容与既定的教学目标，从而在很大程度上提升体育教学的效率与质量。

因此，在实践操作中，必须紧密围绕教学目标的核心要求，细致入微地分析每一项体育教学内容的独特优势及其对达成目标的具体贡献。这一过程要求我们不仅要深刻理解每项内容的本质特征，还要准确把握它们如何协同作用于学生体能、技能、心理等多方面的发展。基于这样的深刻洞察，才能科学、合理地选取教学内容，确保体育教学的每一步都精准地指向既定的教育目标，稳步推动学生全面发展，让体育教学在促进个人成长与社会进步中发挥更加积极的作用。

2. 贴近学生实际，并激发学生的热情

在挑选高校体育教学内容时，必须将学生的体能现状作为重要依据，确保所选内容具有一定的挑战性。如果内容过于复杂或艰涩，可能会让学生望而生畏，而内容过于简单，又会使其产生厌倦情绪。因此，高校需要精心挑选与学生实际体能水平相匹配的教学内容，让学生在不断挑战自我、实现目标的过程中，产生参与体育教学的热情。

3. 契合学校特色，促进学生校内外的持续实践

在选择高校体育教学内容时，需兼顾学校的独特性，并确保这些内容便于学生在校园内外，包括家庭与社区环境中进行实践。我国地域辽阔，各所学校在体育教学资源上既丰富又各具特色，存在显著差异。因此，在选择教学内容时，必须与学校特色相契合，以最大程度地利用学校现有资源，比如教师团队的专业优势、体育场馆及设施等。此外，遵循终身教育的原则，所选的体育教学内容应让学生在毕业后仍能融入其日常生活中，无论是在家里还是在社区及其他环境下，都能持续进行体育锻炼，实现体育活动的延续性。

二、高校体育教育内容的组织

为了确保体育教学效果的累积与提升，高校体育教学内容的有效组织与编排显得尤为重要。

（一）逻辑顺序与心理顺序相统一

体育教学应当具备条理清晰的逻辑性，并且要与学生的心理认知顺序相契合。在规划教学内容时，必须深入考虑学生的认知特性，因为一旦教学内容与学生的认知规律相冲突，即便其内容再科学严谨，也难以被学生有效地吸收和内化。简而言之，体育教学内容的组织需兼顾内在逻辑与学生的心理顺序，以实现教学效果的最大化。

（二）教学功能与育人功能相统一

在组织高校体育教学内容的过程中，需兼顾教学功能的发挥与育人效果的达成。以往，体育教学更多聚焦运动知识与运动技能的传授，但随着教育理念的不断革新，体育教学在促进学生身心健康、全面发展方面的育人价值也逐渐受到重视。

一方面，体育教育应继续发挥传承体育运动文化的功能，包括运动兴趣培养、运动能力发展，以及运动习惯的养成，旨在通过深入的理论探讨与技能实践，让学生深入理解并热爱体育运动，从而有效传承与发展体育运动文化；另一方面，从学生心理发展的角度切入，通过体育教育促进其身心的全面健康成长，并为将来适应社会做好准备。总之，在体育教学中，教师应有意识地结合社会对人才的需求以及健康促进的先进理念，全方位提升学生的身心健康水平和社会适应能力。

第二章 我国体育教育发展概况

我国对高校学生的体育教育一直都非常重视，从新中国成立初期，就将体育教育作为学校基础教育的重点。随着我国综合国力的提高以及对人才需求的变化，我国高校体育教育也经历了几次重要的变革，本章对我国体育教育的发展历程进行深入研究。

第一节　我国体育教育的发展历程

体育课程是高校教育的核心组成部分，但其教学目标和内容随着时代和社会需求的变化而不断调整。

一、以传授"三基"为主的阶段（新中国成立初期至1966年）

我国高校体育教育的发展历程中，初期深受苏联教育模式的影响，尤其是凯里舍夫的《教育理论》，对我国体育教育体系的构建产生了深远的影响。在这一时期，体育教育遵循着"三基目标"的指导思想，即基本知识、基本技术和基本技能，强调教师在教学过程中的主导地位，以及教学过程的规范化与标准化。这种教育方式在一定程度上有助于体育知识技能的系统化传授和教学过程的规范化管理。然而，随着时间的推移，其弊端也逐渐显现。它过于注重知识的传授和技术的训练，却在一定程度上限制了学生的个性发展和身体素质的全面提升，影响了体育多功能性的发挥。

在这一背景下，体育院校的教学重心往往偏向于专项理论和技术的教学，而忽视了体育教学研究的重要性。这导致我国体育教学在很长一段时间内发展缓慢，尽管在某些项目上取得了不错的成绩，但整体而言，缺乏持续发展的后劲和全面布局的战略眼光。

二、"生物体育观"阶段（1966至1976年）

在20世纪六七十年代这一特殊历史时期，国人深受"知识无用"思潮的猛烈冲击，加之当时社会环境的严密封闭，使得国外先进的教育思想与教学理念难以渗透进来。在政治高压的氛围下，人们普遍采取了保守的姿态，倾向于接受"生物体育观"作为指导思想。这一抉择，将高校体育教学推向了一个极端方向：过分偏重于体质锻炼，甚至一度将劳动、军训等作为体育教学的替代品，取代了正规的体育课程。在这种思想的导向下，高校学生的体质状况逐年恶化，许多学生因缺乏必要的运动技能和体育知识，导致高校体育教育始终徘徊在"启蒙"的初级阶段，难以取得实质性的进展。教育主体在这一过程中显得消极被动，深受传统教育观念的束缚，难以自拔。原本应当充满活力、由个体主动掌控的体育实践活动，逐渐沦为一种僵化、单调、缺乏吸引力的固定模式，失去了其应有的活力。

三、"增强体力"阶段（20世纪70年代末至20世纪80年代初）

自20世纪70年代末起，我国体育教学进入了一个崭新的发展阶段，迎来了一个重要的转折点。教育部在这一关键时期，高瞻远瞩地颁布了新的高校体育课教学大纲，其核心目标直指增强学生的体质。这一改革举措不仅与当时的国家体育锻炼标准紧密相连，确保了体育教学的实用性和针对性，还巧妙地保留了原有的运动项目，体现了对体育课全面而深刻的理解。

在这一阶段，体育教学理念发生了根本性转变，不再单纯追求技术技能水平的提升，而是更加关注学生体质的增强。这种转变是在深入研究和遵循学生身体发展规律的基础上做出的，有力地推动了高校体育教学改革的深入发展。这一变革不仅极大地提升了体育教学的科学性，更为学生的全面发展奠定了坚实的基础，为我国体育教育事业的长足进步注入了新的活力。

四、"全面发展"阶段（20世纪80年代中后期至今）

改革开放政策推动了文化艺术和现代科学的普及，使得社会生活方式发生了巨变，体育理念也被重新认识。体育现象由生物、心理、社会三方面构成，这促使高校体育教育思想得到相应调整。因此，体育教学领域经历了一场轰轰烈烈的改革，其核心聚焦培养学生的体育能力、个性以及终身体育习惯。

高校体育教学的目标正逐步迈向"多元化"与"多层次"的崭新阶段，既重视眼前的成效，更着眼于长远的规划。随着这一全新理念的逐步确立，它兼顾了发展与改革的双重需求，对学生的个性成长给予前所未有的重视，也激发了学生自主进行体育运动、积极参加体育竞赛的热情。随着社会体育的全面兴起，体育运动已经成为学生生活的一部分，学生逐渐养成长期进行体育锻炼的习惯。

第二节　我国高校体育教育的发展现状

一、发展概况

我国高校体育教育的发展，离不开众多优秀体育研究者、教育者和运动员等积极贡献出他们的智慧与力量，针对高校体育教育改革的议题，提出了诸多独到见解与切实可行的实施蓝图。这些先驱者深知，体育教育是培养学生健康身心、塑造全面人格的重要环节，对于国家的未来和民族的振兴具有深远的意义。

遗憾的是，尽管这些蓝图充满了前瞻性和创新性，但在实施过程中却遭遇了重重阻碍。一方面，传统体育教育观念根深蒂固，使得改革难以迅速推进；另一方面，教育资源分配不均、师资力量匮乏以及体育设施落后等问题，也严重制约了改革的深入发展。这些因素相互交织，成为高校体育教育改革路上的"绊脚石"。但是，再多的阻碍也不能阻止高校体育教育改革的持续推进。要通过教育工作者的不断努力和尝试，才能逐步克服这些困难，推动改革向纵深发展。未来，需要学界的共同努力，进一步加强体育教育领域的交流与合作，借鉴国内外的成功经验，不断创新体育教育模式和方法，为培养更多优秀的体育人才贡献智慧和力量。

二、存在的问题

要想加速发展，必须破旧立新。尽管我国高校体育教育取得了突出成就，为国家挖掘和培养了大量的体育人才，但其仍然存在一些问题，难以满足新时代高校体育教学的需求。对此，高校必须以客观、冷静的态度审视其中存在的问题。

（一）教学框架与课程设计存在缺陷

目前，部分高校的体育教学大纲与课程设计存在显著缺陷，它们未充分考虑课外锻炼与课堂教学之间的协同作用，也未能充分体现青年学生与低幼龄学生在身心特征及学习需求上的差异，从而在某种程度上限制了对大学生运动潜能的深度开发。同时，这些大纲与课程设计在很大程度上忽视了体育理论教学的重要性，如强化学生体育认知、塑造体育观念、传授技能方法等。这导致学生片面理解体育，阻碍健康体育与终身体育理念融入，给高校体育教学带来难题。至今，高校体育教学仍用传统内容，虽自20世纪80年代中期国家教委就提倡青春期卫生教育，且部分高校加强了相关知识传授，但因缺乏对中西体育的全面审视及对人文体育与生物体育的深入剖析，大学生对体育本质迷茫，常被动接受。这削弱了大学生的体育认知，影响其正确认知，阻碍其主动思考与领悟体育的积极性。近年虽引入特色内容，但受传统束缚及理念剖析不足的影响，大学生对体育领悟不深，仅掌握技巧而缺乏对体育精神的深刻理解，不利于体育素养提升。

（二）学生主体性的体现不足

大学生的主体地位主要体现在两个关键方面：一是他们在学习活动中展现出的自我驱动与自我管理能力；二是他们对于体育教学内容的个性化追求与实际需求的引导作用。尽管当前社会对于素质教育取代应试教育的呼声越来越高，且一再强调体育教学应以学生为中心，然而这一理念在实际教学操作层面并未得到充分的体现，导致许多高校在体育教学中未能充分认识和尊重学生的主体性。

在理论教学方面，体育教学依然受限于传统的框架之中，缺乏理论与实践结合、观念更新、内容创新等。教学内容未能紧密关联高等体育教育的特性、学生的体育需求，加之"灌输式"教学方法的沿用，使得学生在学习中处于被动地位，思维活动受到限制。

在体育教学上，高校尝试以选项教学、俱乐部教学等模式弥补传统不足，但因理念僵化，缺乏核心价值等深入理解，尝试多流于形式，没有"以学生为中心"。

为激发学生的主体性，理论教学应培养复合人才，重健康体育、终身体育，优化教材，灵活教学，鼓励学生参与。实践应围绕"健康为本，终身体育"，培养未来所需的体育能力，结合社会趋势、健康标准及学生需求，实现主体性教学与"自主体育能力"培养深度整合。

（三）体育教学本质体现不足

体育教学是体育知识与技能传递的载体，它依赖于恰当的教学方法和策略来有效实施。但在体育教学实践中存在一个问题：所选运动项目究竟应被视为教学目的本身，还是仅仅作为达成更深层次教学目的的工具？从纯粹的运动视角来看，它们更多地扮演着通往目标的桥梁角色，而非体育本质的直接体现。体育教学的范畴，还广泛涉及体育的效能、作用及其深厚的文化内涵等多个层面。

长久以来，高校体育领域倾向于强调竞技性、技术性，将运动项目本身置于中心位置，过分看重成绩与体能指标。在教学实践活动中，重点往往聚焦提升学生的运动能力和身体素质。然而，新时代高校体育教学中，运动项目是作为一种辅助性的教学手段服务于教学目的。因此，高校体育教学的核心任务应当是围绕增强学生体质这一根本目标展开，以此作为实现体育教育育人价值的基础。

（四）对教学考评的本质认识不足

体育教学评价，作为驱动教学双方积极参与的管理杠杆和衡量教育质量的重要标尺，其重要性不言而喻。然而，步入新时代，如何科学地实施评价以及如何全面理解评价的意义，已成为亟待破解的关键课题。当前，部分高校体育教学中的运动评价侧重于运动技能的熟练度和运动成绩的优劣，而理论评价则主要考查学生对体育基础知识的记忆程度。这种评价模式，反映出对体育教学评价理解的局限性。体育教学评价，表面上是对教学效果的量化考核，本质上则是促进体育教学不断优化，服务于体育教育整体目标的战略工具。

新时代高校体育教学评价应确保体育教学能够有效满足学生的健康需求，并培养他们终身体育的思想观念及行为习惯。

第三节　我国高校体育教育的改革与发展

为了促进学生健康水平的提升、增强他们的体质，并培育学生的体育综合能力，高校应进行全方位的体育教育改革，将课外体育活动、校外实践以及专业运动训练融入体育课程体系之中，从而打造出一个融合课堂内外、校园内外的教学新模式，并积极推行改革创新，以适应时代发展需求。

一、高校体育教育观念的改革

（一）融入人文与自然科学的元素

当代高校体育教育不仅要加强体育知识的传授，还需融入人文科学与自然科学的教育元素，力求让学生在知识层面达到广博、精深、广泛且深入的境界。与此同时，体育教育的目标不仅限于强健体魄，更在于培育学生的思维能力，并促进其非智力因素的全面发展。在传授技术、技能与知识的过程中，更应指导学生掌握正确的学习方法，培养他们将所学知识应用于实践的能力。此外，还需鼓励学生勤于思考、敏锐观察、勤于练习，并抓住每一个积极创新的机会。

（二）增加体育教学的比重

受应试教育思想观念的长期影响，大学的体育教学时间并不充分，还有很大的扩展空间。为解决这一问题，体育教学改革中应增加体育课程的时间，因为仅凭现有的少量课时来增强大学生体质，以及培养终身运动的习惯并不现实。

此外，大学体育课堂教学的个性化发展仍显不足，尤其和体育发达国家相比，我们的大学体育课堂教学，难以激发学生的个性，对特长学生的培养渠道单一，培养能力也较薄弱。总之，大学体育课堂教学普遍存在"活动化"或"游戏化"的问题。改善这一状况的有效途径是以学生为中心，让他们在课堂上充分参与，在体育教师的细致指导下规范地掌握教学内容。在此基础上，鼓励学生自主总结规律，探索运动技巧，这相较于传统的教师单向讲解与示范，避免了知识的单向灌输。而那种已不适应现代体育教学需求的传统模式，无法实现现代体育教育的目标。

二、高校体育课程的改革

（一）体育课程目标的改革

体育教育的改革聚焦实现一系列长远目标，增强学生体魄、改善健康状态，并培养其体育精神。此改革强调推动学生个性化成长，点燃他们对体育的热情，引导形成持续锻炼的生活方式，同时注重心理健康的增进。课程设计上，既夯实体育基础知识，又注重核心体育能力的锻造，旨在让学生不仅吸收体育理论，更要精通运动技巧，最终拥有自我驱动、持续学习的体育能力。此外，体育课程还需与教育的整体目标相契合，与其他素质教育领域如德育、美育、劳动教育等紧密结合，共同致力于培养全面发展的人才。通过这样的综合教育模式，我们旨在推动学生的全方位成长，为社会输送具备多方面素质与能力的优秀人才。

（二）体育课程内容的改革

体育课程变革的核心，在于打破传统教育的界限，加强学校与社会的紧密联系，旨在更好地满足学生日益增长的体育及健康需求。在实践中，各高校应勇于探索，积极借鉴俱乐部模式，巧妙地将课内选项与课外俱乐部、社团相结合，构建"课内外一体化"的体育教学新模式，这一创新举措能有效激发学生的体育潜能，让他们在多样化的体育活动中找到乐趣。

同时，为了紧跟时代步伐，高校开设了丰富多样的实用性课程、俱乐部课程及拓展项目，推动"校内外联动"改革，并注重课程内容的本土化与灵活化，以适应不同地区学生的需求。为确保改革的有效实施，大多数高校还建立了科学的综合评价体系，对教学效果进行全面评估，不断优化教学模式，为学生的健康成长保驾护航。

（三）体育课程形式的改革

体育课程的形式正经历着从传统向现代的深刻转型，以适应学生多元化、个性化的学习需求。传统的体育课堂往往以教师为中心，学生被动接受知识与技能，而现在的体育课程则更加注重学生的主体性与参与感。

（1）体育课程正逐步引入更多互动式、体验式的学习形式。通过小组合作、角色扮演、模拟比赛等多样化的教学手段，激发学生的学习兴趣，培养他们的团队协作能力、创新思维。这种以学生为中心的教学模式，不仅提高了课堂的活跃度，还让学生在轻松愉快的氛围中掌握体育知识与技能。

（2）体育课程形式也在向数字化、智能化方向发展。利用现代科技手段，如智能穿戴设备、虚拟现实技术等，实时监测学生的运动状态，提供个性化的训练建议与反馈。同时，开发线上体育课程与资源，一方面可以给学生更多的学习选择；另一方面也能顺应社会发展的趋势，培养学生线上线下互补学习的能力。总之，这种线上线下相结合的教学模式，不仅丰富了体育课程的形式与内容，还为学生提供了更加便捷、高效的体育学习途径。

（3）体育课程正积极探索跨学科融合的新形式，致力于将体育与生理学、物理学、心理学、艺术等其他学科紧密结合，共同开展一系列综合性的体育活动与项目。在这样的教学模式下，学生在参与体育活动的同时，还能深入理解并应用其他学科的知识。例如，通过结合数学知识来设计运动轨迹和比赛计分规则，不仅锻炼了学生的身体，还增强了他们的逻辑思维和空间想象能力；利用物理知识来分析运动中的力学原理，如投掷、跳跃等动作的力学原理，培养了学生的科学思维和探究精神；而在体育活动中融入艺术创作，如编排舞蹈、设计体育图标等，则激发了学生的审美情趣和创新热情。这种跨学科的融合不仅丰富了体育课程的内涵，还促进了学生综合素质的全面发展，为他们未来的学习和生活奠定了坚实基础。通过这样的综合性体育活动与项目，学生在享受运动乐趣的同时，也实现了知识与技能的多元提升。

三、对师资队伍管理的改革

教师在体育教学中不仅是知识的传授者，更是实践者与执行者，其个人素质对于教育成效与质量具有决定性影响。仅仅掌握扎实的专业知识和教学技能，已不足以充分胜任体育教师这一崇高职业。尤其是在当前教育高度发展的时代背景下，高校对体育教师的选拔、任用及培养均秉持着更加严格且全新的理念与标准。因此，高校体育教育改革必须加强对师资队伍的持续建设和优化管理，其核心目标是提高体育教师队伍的综合素质和专业能力。

高校作为教师队伍的核心管理机构，应当致力于优秀人才的高效引进，并对现有教师队伍实施全面而系统的培训指导与支持计划，旨在持续提升高校体育师资力量的综合水平。作为体育教师，亦不应安于现状，而应在圆满完成日常教学任务的基础上，积极拓展业务提升途径，加强与同行的交流与合作，以及开展跨学科的学习活动，全力以赴地提升自身的综合素养与能力。

第三章 体育教育创新模式探索

新一代的大学生可以说是诞生在互联网兴起的时代，他们从启蒙教育阶段就开始接触电脑等先进的科技。因此，不断升级体育教育模式是适应社会发展和人才成长需要的必然选择。本章重点选择几种较具代表性的创新教育模式展开分析。

第一节　翻转课堂与在线体育教育

一、翻转课堂在高校体育教学中的应用价值

当前，翻转课堂在我国教育界发展显著，但其深层价值在理论研究上还未得到充分重视。下面我们深入探讨翻转课堂在高校体育教学中的应用价值。

（一）推动高校体育教学与信息技术的深度融合

随着信息时代的到来，学生的学习方法和生活模式经历了明显转变。信息化设备如手机、电脑、iPad，已经成为他们日常沟通和学习的主要工具。为了适应这种变化，高校体育教育的信息化发展已成为不可避免的趋势。翻转课堂是高校充分利用先进的信息手段提升教学效率和教学成果的重要尝试，也是适应当代大学生学习特点的积极变革。翻转课堂，作为信息化教育的典范，有效地将高校体育教学与信息技术紧密结合。

（二）实现高校体育教学要素的动态优化组合

从大学体育教育的整体构成来看，翻转课堂与常规教学方法在表面上或许并没有显著差异。然而，翻转课堂的精髓在于其通过合理且科学的手段，对大学体育教育的各个要素进行深入的重组与优化，旨在大幅提升教学效果。翻转课堂这种教学方式对教学目标、教学策略以及反馈系统进行了适当的改进，为学生营造了一个良好的体育学习氛围。因此，翻转课堂被视为一种具有划时代意义的大学体育教育创新方法。

（三）助力高校体育教学实现素质教育目标

素质教育的主旨在于全方位提升受教育者的综合素质，它强调学生的全面发展，并高度重视因材施教。在致力于全面推动每个人实现全面发展的过程中，素质教育的价值不可忽视。

翻转课堂的引入，无疑为大学体育教学注入了一股新的活力。在这一创新的教学模式中，虽然所有学生的学习目标都是一致的，但体育教师能够基于每个学生的实际情况，量身定制个性化的学习目标。这样的教学不仅满足了学生的不同需求，也促进了他们体育技能的发展。

二、翻转课堂在高校体育教学中的应用策略

通常而言，大学体育课程的教学模式涵盖众多元素，包括大学体育教学的理论基础、原则、教学与学习流程、资源和实现条件，以及对教学成效的评估等。将翻转课堂作为大学体育教学的一种新方法，正逐渐成为体育教学发展的必然方向。在实际操作时，需要关注以下几个关键点。

（一）高校体育教学与翻转课堂的深度结合

在体育课程中运用翻转课堂模式，其核心根植于"先学后教"的教学原则。这种模式着重于提升学生在课堂活动中的主动性和主导地位，目的是通过学生的自发学习和教师的后续辅导，实现教学成效的最优化。结合高校体育教学的特性与行为心理学的理论，我们确立了高校体育教学的流程，即"观看教学视频—练习、吸收与理解—复习视频—互动反馈—加强实践—学习、掌握"。在这个循环往复的教学过程中，学生通过观看视频资料进行独立学习，接着在教师的辅助下进行实践操作，并通过互动反馈持续深化对知识和技能的理解与掌握。同时，应根据学习进程、教学成效以及学生对体育教学活动的反馈，持续对教学过程进行改进和创新。通过优化和调整，目标

是推动高校体育教学目标的达成，为学生的全面成长提供坚实的支持。

（二）高校体育教学程序与学习程序的融合设计

在大学体育课程中采用翻转课堂教学策略，使得互动学习社群和视频资料成为教学的核心要素。因此，可以对大学体育教学和学生的学习过程进行如下整合规划。

1. 预习

教师根据教学目标和教学计划，在正式上课前给学生布置预习作业，让学生对即将学习的体育知识和技能进行初步了解，这能很好地锻炼学生的信息搜索能力、独立思考能力和综合学习能力。然后，带着自己的思考和问题来听教师的讲解，这样不仅激发了学生自主学习的动力，也开发了他们的学习潜能。并且，通过对比教师的讲解和自己的思考，能够发现自身思考的不足，从而在今后的学习中可以有针对性地提高和优化。

2. 视频学习

在这一阶段，学生并非无目的地浏览视频，而是有针对性地选择那些与当前体育教学内容紧密相连的教学视频进行观看。这些视频往往包含了详细的示范和深入浅出的讲解，旨在帮助学生从多个角度理解体育知识点和技能操作。通过观看这些视频，学生能够更加直观地学习动作要领，对技术细节有更深入的认识，为后续的实践操作打下坚实的基础。

3. 问题探索

在学习过程中，学生不再是被动的接受者，而是主动地去发现和思考问题。这种问题驱动的学习方式能够极大地激发学生的学习兴趣，促使他们更加深入地探究体育知识的奥秘。学生可能会在观看视频或进行初步练习时遇到困惑，这些问题将成为他们进一步学习的动力和方向。

4. 课堂讲授

当进入课堂讲授环节时，教师会系统地讲授新课内容，这不仅包括理论知识的讲解，还包括对视频中所教技能的进一步阐述。更重要的是，教师会留出时间专门解答学生在预习和观看视频时产生的疑问，通过面对面的交流，学生可以更加清晰地理解难点和疑点。此外，教师还会在课堂上再次进行示范，确保学生能够亲眼看到并模仿正确的动作，从而加深印象，提高学习效果。

5.自主练习

在掌握了基本的理论知识和动作要领后，学生将进入自主练习阶段。这一阶段是检验学生学习成果的关键环节，学生需要运用所学知识和技能进行实践操作。通过不断练习和实践，学生可以逐渐熟悉并掌握各项体育技能，同时也能在实践中发现自己的不足之处，为后续的学习提供方向。

6.效果反馈

练习结束后，学生和教师将共同参与效果反馈环节。这一环节旨在评估学生的学习成果，发现存在的问题，并提出改进建议。学生可以通过自我反思和教师的点评，来了解自己在哪些方面做得不够好，以及如何在未来的学习中加以改进。同时，教师也会根据学生的表现给予积极的鼓励和建设性的指导，帮助学生树立信心，持续进步。

7.资源拓展

教师提供额外的拓展资源，帮助学生完善知识和技能结构，同时鼓励学生通过反复练习和实践，加深对知识的理解，提升训练效果。

（三）高校体育教学的实现条件与教学资源建设

近年来，随着慕课教学平台的快速发展和互联网的普及，翻转课堂在大学体育教学中的应用得到了强有力的技术支持。但是，鉴于目前大学体育教学资源相对不足，特别是缺乏优质的教学视频和学习资料，体育教师需要积极采取行动，根据体育课程开设的实际需求，自行制作和设计合适的大学体育教学资源。

在资源建设上，应特别关注理论教学内容和动作讲解、演示的视频资源。理论教学内容需要浅显易懂，帮助学生全面掌握体育学科的知识；动作讲解和演示的视频则应准确无误，能够直观地展示动作的关键点，方便学生模仿和学习。这样的教学资源设计，旨在确保体育教学内容和课后训练活动的实用性，为学生提供更全面、有效的学习资源。

同时，体育教师在使用这些教学资源进行教学时，还应积极创造互动交流的学习环境。通过在线教学平台或交流社区，教师应及时解答学生的疑问，鼓励学生相互讨论，为学生提供个性化的学习指导和帮助。这种教学方法不仅能够点燃学生的学习热情，还能增进师生间的有效互动，提高教学成效。

（四）高校体育教学评价体系的完善

将翻转课堂教学模式引入体育教育领域，并构建与优化教学成效评估体系，对于提高教育品质至关重要。

1.重点关注学生能力的提升

通过采纳翻转课堂的教学策略，不仅带给学生全新的学习体验，还培育了他们独立学习与分析及解决问题的能力。这种教学方式还能促进他们社交适应能力及团队协作能力的全面提升。在构建教学评估体系时，应关注学生以上能力的发展情况。

2.注重教学过程中的互动与反馈

体育教师应借助积极的交流和多元化的教学手段，实时监控学生的学习进度，并及时收集反馈信息。依据这些信息，教师应提供适当的指导，激发学生的学习热情，确保教学活动既个性化又具有针对性。翻转课堂尤其适合小规模教学环境，以确保每个学生都能获得足够的关注和指导。这也是评估的一个重要方面。

3.科学实施学习成效的评估

在评估学生学习成果时，应考虑体育课程的特殊性，不能仅仅依赖于考试成绩。评估体系应体现"健康第一"的教育理念，将健康标准融入体育考核的各个层面。同时，需要优化评价标准，避免学生因考试压力大而产生消极的学习情绪。

4.关注学生对体育教育的理解

教师应积极引导学生理解体育教育的重要性，激励他们培养良好的体育锻炼习惯，从而提高学生的体育素养。在进行评估时，应注意学生这方面的发展情况。

三、在线体育教育的价值体现

除翻转课堂之外，还有在线直播教学、录播教学等教学形式，整体而言，在线体育教育具有多方面的优势，对当前的体育教学改革和优化起到不可替代的作用。以下是在线教育的主要价值体现。

（一）提升学习效率与效果

在互联网时代，学生只需一台联网设备，便能随时随地通过教学视频深入学习体育知识和技能，彻底摆脱传统课堂对时间和地点的束缚。这些精心制作的教学视频，凭借其形象直观、易于理解的特性，极大地促进了学生对体育知识的吸收和掌握。更重要的是，学生可以依据个人的学习进度和理解程度，自由地重复观看视频内容，直至彻底掌握所学知识和技能，这种个性化的学习方式无疑能够提升学习效果。

（二）增强个性化学习

在线教学赋予了学生极大的自主权，使他们能够依据个人的学习能力和兴趣来定制学习内容，从而实现真正意义上的个性化学习。在这一过程中，教师扮演着至关重要的角色，他们通过细致观察学生的学习进展和反馈，能够在课堂上提供准确而有针对性的指导，精准对接每一位学生的个性化需求。这种教学模式不仅促进了学生主动学习，还确保了教学资源的有效利用，最终助力每个学生取得最佳的学习成效。

（三）促进师生交流与互动

在线教育中的课堂交流环节是一个活力四射的互动舞台，极大地促进了学生与教师以及学生彼此之间的深度沟通与协作。这一环节不仅培养了学生的沟通技巧和团队协作精神，还营造了一个积极向上的学习氛围。教师在课堂上化身为引导者和解答者,他们凭借敏锐的洞察力,能够迅速捕捉到学生在学习进程中遇到的种种难题,并即刻给予精准有效的解答与指导。这种即时反馈机制不仅加速了学生对知识的吸收与内化,还显著提升了整体教学效果。

(四)提高教学资源利用率

在线体育教育借助翻转课堂的模式,成功地将众多优质教学资源进行高效整合与广泛传播,使得更多学生能够从中受益。教师精心打造的高质量教学视频,成为学生反复研习与参考的宝贵资料。这些视频不仅内容丰富、形式多样,而且易于获取,极大地提升了教学资源的利用率。学生可以随时随地通过在线平台访问这些视频,根据自己的学习进度和兴趣进行深入学习,从而实现个性化学习需求的有效满足。这一创新的教学模式不仅促进了教育资源的公平分配,还推动了在线体育教育质量的整体提升。

第二节 体验式学习与游戏化教学

一、体验式学习

(一)体验式学习的概念

从教育学的维度审视,课堂教学的一个重要追求在于让学生在学习过程中深刻体验学科魅力及知识内涵,这一过程旨在促进学生全面感知。而从心理学的层面剖析,体验是一种深度心理机制,它根植于个体的实践经验之中,通过多元化的感官互动,使人们得以捕捉并理解事物的动态变化。

在教学实践中，教师围绕着既定的教学目标，精心策划并运用多样化的教学手段，旨在激活学生内在的学习动力，促使他们将既有知识与新知进行融合，从而经历一个充满连接与建构的体验式学习历程。体验式学习，作为一种教学策略，其核心价值在于激发学生的情感共鸣，为他们搭建起一座深入理解知识与丰富情感体验的桥梁。[1]

（二）体验式学习的要素

体验式学习模式的精髓，聚焦六大核心组件：学习者角色、教学环境构建、情感氛围营造、实践活动设计、反思机制建立以及问题的引入与解决，这些要素在教学实践中相互交织，构筑起一个紧密相连的教育生态系统。尤为关键的是，学习者与体验式学习模式的契合程度，成为课堂教学成效的决定性因素。

体验式教学的成功推行，离不开教师与学生的携手合作与积极参与。学生作为学习活动的主体，均有独特的个性与学习风格，这要求教师在实施体验式教学时，必须采取个性化教学策略，充分尊重并关注每个学生的独特性，鼓励他们在多样化的体验中发挥个人优势。

教师在体验式教学过程中，可巧妙运用情境作为驱动课堂体验的引擎，通过精心创设的教学情境，激发学生的求知欲与参与热情，进而创造理想的学习环境。随后，教师应循序渐进地规划实践活动，引导学生沉浸于体验之中，鼓励他们进行深入探索。同时，建立有效的反思机制，促使学生在体验后审视自身学习行为，从中总结经验。这一系列举措，旨在全面达成教学目标，显著提升学生的学习体验质量，使他们在体验式学习中获得成长。

（三）体验式学习模式的运用策略

体验式学习并非仅仅局限于一个个零散的情感触动瞬间，而是一个循

---

[1] 张晓华.体验式学习在小学数学教学中的应用探究[J].教育，2024（24）：93-95.

第三章　体育教育创新模式探索

序渐进、不断深化的学习之旅。国际知名教育学家大卫·库伯所提出的"体验学习循环"模型，为我们揭示了这一过程的核心构成：具体经历、反思省察、理论提炼及实践验证四个阶段。本书在此基础上，将体验学习的流程设置为情境创设、问题深思、知识汇总与实践体验四大步骤，且这些步骤被巧妙地融入课前准备、课堂教学及课后巩固这三个紧密相连的教学阶段之中。

通过这样的设计，学生不仅能够在精心构建的情境中亲身体验学习内容，还能在问题的引导下进行深刻反思，进而将零散的体验升华为系统的知识框架。最终，在实践体验环节，学生将理论知识付诸实践，通过实际行动验证并深化所学，从而形成一个完整的学习循环。

1. 创设体验式教学情境

（1）构建真实教学场景，强化生活联结

体验式教学的精髓，在于其情境的精妙构造，它既是教师施展教学艺术的舞台，也是学生获取学习体验的源泉。教师通过精心打造体验式学习环境，引领学生步入课堂深处，驱动学习进程的加速。情境构建分为现实与虚拟两大脉络，其中现实情境植根于真实世界的种种现象，诸如日常生活的场景与实例，它们为学习提供了肥沃的土壤。

利用多媒体技术的丰富性、实体教具的直观性、课堂模拟的参与性以及表演活动的生动性，教师可以为学生勾勒出一幅幅生动的教学画卷。这些真实的情境如同桥梁，连接着学生的生活经验与新知识，使他们在熟悉的场景中轻松地将新知识融入记忆，从而触发深刻的情感体验。在如此贴近生活的环境中，学生得以获得实践性的学习滋养，达成课程设定的学习目标。

（2）打造虚拟教学情境，塑造模型思维

虚拟情境聚焦那些在现实生活中难以触及或实现的理想模型、理论推演与客观规律，它们拓宽了思维的边界，引导学生在脑海中搭建起模型的框架。通过微课程视频的沉浸感、思维导图的逻辑性以及画面联想的创造性，教师可以构建出一个个虚拟的情境世界。

教师需要为学生搭建一座连接认知经验与抽象概念的桥梁，帮助他们独立跨越理解的鸿沟，形成宏观的视角，建立推理体系。微课程视频中的3D

立体展示，如同魔法般将客观规律直观呈现，为学生的抽象思维插上了翅膀。而思维导图助学材料，则以图文交织、线条相连的方式，强化了学生的学习体验。虚拟情境的构建，如同为学生打开了一扇窗，让他们得以窥见那些难以直观感知的理论现象，从而在认知的深度与广度上实现飞跃。

2.引领体验后思考

（1）预设问题组集，触发学生求知体验

情境是构筑学生体验大厦的基石，而问题则如同课堂体验的催化剂，加速了学习进程。在教学实践的舞台上，教师精心预设一系列问题，宛如导航灯塔，引领学生在特定情境的海洋中航行，促使他们将情境与理论知识巧妙联结。通过巧妙提问，教师能够点燃学生内心深处的探索之火，激发他们对问题情境及数学奥秘的浓厚兴趣，驱使他们主动踏上求知之旅，从而获得独特的求知体验。此外，教师还需具备课堂应变能力，根据学生即时的学习反馈灵活调整问题策略，搭建起思维的桥梁，为学生铺设一条自主探索的航道，让学习体验在问题的引领下愈发丰富与深刻。

（2）展开互动对话，引导学生探索思路

在课堂上，巧妙地提出问题能够激发学生自发探索问题的动机，能激励他们和同学共同讨论探索。互动式对话也是教师与学生之间富有成效的交流形式，它有助于教师确认、肯定或纠正学生对一些概念的假设，同时让学生获得及时的反馈。在体验式学习的过程中，对话交流同样能够启发学生独立思考，激发他们对知识的渴望。教师可以将学生随机分为几个学习小组，将原来传统的个人探索式学习转化为小组合作式学习，这种方式能够显著提升学生的学习效率，因为通过对话和交流，学生之间会相互影响，比如通过彼此分享学习心得，有助于学生同时获得多个学习经验，激发个人的灵感，从而营造一个充满活力的课堂环境。在这样的氛围下，学生会不自觉地产生更强烈的求知欲，积累丰富的学习经验，提升自己的学习能力。

二、游戏化教学

（一）游戏化教学的运用价值

1.便于理解抽象知识

诸多深奥的理论对学生而言是一大挑战，难以掌握。然而，教师若采用游戏化教学法，可将游戏作为抽象概念的传递工具，让学生在参与游戏的同时，逐渐领悟和掌握这些知识。同时，游戏活动有助于减轻学生对复杂理论的抗拒感和畏惧感，为他们进一步学习打下坚实的基础。

2.深化知识记忆

相较于传统教学方式，游戏化教学能更有效地将抽象知识具体化，使学生更容易记住，从而加深记忆，提升教学成效。

（二）开展游戏化教学的策略

生活教育理论高度重视生活要素在教学活动中的融入，这些要素涵盖了广泛内容，比如日常的生活场景、常见的生活物品以及人们的行为习惯等。这些生活要素不仅贴近学生的实际生活，而且易于被他们熟悉和理解。通过将生活要素融入教学过程中，可以在很大程度上消除学生对于新知识、新概念的陌生感和恐惧感，从而有效激发他们的学习兴趣和探索欲望。在此基础上，学生能够更加积极主动地参与到学习中来，更加深入地理解和掌握相关知识。

基于这样的教育观点，教师在教学过程中可以积极从生活教育的角度出发，巧妙地设计一系列生活化的游戏。这些游戏紧密围绕学生的生活实际，充分利用他们所熟悉的生活场景和物品，通过生动有趣的方式将课程内容融入其中。[①]依托这些贴近学生生活的情境，能够进一步强化课程的教学效果，使学生在轻松愉快的氛围中掌握知识、提升能力。

第三节　个性化教学与差异化策略

一、个性化教学的概念与特点

（一）个性化教学的概念

个性化教学是一种强调学生的中心地位，充分尊重并深入关注每个学生能力、兴趣及学习偏好等个性差异的教学模式。它倡导教师在授课过程中，必须依据学生的学习状况量身打造专属的教学方案，确保每个学生都能获得最贴合其需求的学习体验。

（二）个性化教学的特点

1.注重学生独特性

个性化教学理念认为，每个学生都是独一无二的，拥有各自独特的学习特性和需求。

2.定制化教学策略

教师会基于学生的个体差异，精心策划并应用不同的教学方法与策略，

[①] 吴成源. 游戏化教学模式在高中体育课堂中的应用探析[J]. 成才之路, 2024（27）: 109-112.

旨在达成最优的教学成效。

3.教学方法的灵活多变

个性化教学高度重视教学方法和资源的灵活性与丰富性，确保能够适应并满足每个学生的个性化学习需求。

二、差异化策略在个性化教学中应用的价值

（一）优化体育学习环境

差异化教学方式能够准确地捕捉并充分利用大学体育教育各个要素的独特功能和价值，通过有效地转变体育教师与学生的传统角色定位，使得体育课程资源更加丰富。同时，它还对教学目标、教学策略以及反馈系统进行了精细调整和完善，为学生打造了一个充满挑战与机遇的体育学习环境。[①]因此，翻转课堂被广大教育工作者视为一种具有深远影响力的大学体育教育创新方法，引领着体育教育领域的变革与发展。

（二）提供个性化的学习资源

为了满足学生多样化的学习需求，教师会投入大量的时间和精力，精心筛选并提供一系列丰富多样的教材、电子资源及网络资源。这些资源不仅涵盖广泛的知识领域，还针对学生的不同学习特点进行了细致划分和优化。它们旨在更好地服务于学生的学习目标，帮助他们更加高效地掌握知识和技能，从而在各自的学习路径上取得更加显著的进步和成就。通过这些资源的有效利用，学生可以根据自己的实际情况和兴趣，选择最适合自己的学习方

---

① 褚衍广. 差异化教学在初中体育教学中的运用策略[J]. 华夏教师，2024（10）：123-125.

式和节奏，实现个性化的成长和发展。

（三）提供多样化的学习形式

教师为了尽可能地满足学生对学习的不同需求，会灵活运用丰富多样的教学方法。这些教学方法包括小组合作、课堂讨论、实验操作以及成果展示等，它们能够激发学生的学习兴趣和热情。

在小组合作中，学生可以相互协作，共同解决问题，培养团队精神和沟通能力；课堂讨论则鼓励学生表达个人观点，促进思维碰撞，加深对知识的理解和记忆；实验操作则让学生亲身体验知识的应用，培养实践能力和解决问题的能力；成果展示则为学生提供了展示自我、分享成果的平台，增强其自信心和学习动力。

（四）完善评价方式

在评价学生的学习成果和能力时，教师会运用多种评价方式，如口头反馈、书面评价及展示评价等，以全面了解学生的学习状况。同时，教师还会根据学生的个体差异，制定个性化的评价标准，确保评价的公正性和准确性。对于基础较弱的学生，教师会设定更为基础的评价标准，以鼓励其进步；而对于基础扎实、能力较强的学生，则会设定更高的评价标准，以激发其潜能。这种个性化的评价方式旨在公正地评价每个学生的学习成果，促进他们取得更大的进步。

第四节　跨学科整合教育模式

一、跨学科整合教育模式的概念和特点

（一）概念

跨学科整合教育模式是一种将不同学科之间的知识和方法相结合，以培养学生综合思考能力和创新实践能力为目标的教育模式。

（二）特点

1.连接性
跨学科整合教育模式强调不同学科之间的内在联系，将各学科的知识和技能联系起来，形成一个完整的知识体系。

2.整合性
模式注重知识和方法的整合，将不同学科的知识和方法相结合，形成一种综合性的学习方式。

3.创新性
跨学科整合教育模式鼓励学生进行创新实践，将不同学科的知识和方法创造性地应用于解决实际问题中，以培养学生的创新思维和实践能力。

二、跨学科整合教育模式的意义

跨学科整合教育模式对于现代教育而言具有深远意义。它打破了传统教育中各学科孤立存在的壁垒，促进了学科间的交流与融合。通过跨学科的学

习，学生能够更全面地了解世界，形成更为完整和系统的知识体系。这种教育模式不仅有助于提升学生的综合素质，还能培养他们的跨学科思维和创新能力，为他们未来的学习和工作打下坚实的基础。

由于跨学科整合教育模式整合了不同学科的内容和方法，因此使学生的学习变得更加有趣和生动。学生能够在跨学科的学习中发现新的兴趣点，从而激发他们的学习热情和积极性。通过跨学科的学习和实践，学生能够形成更为开放和多元的思维模式，为未来的创新和发展提供有力的支持。

三、跨学科整合教育模式的实施策略

（一）确定跨学科主题

在教育实践中，教师应当确定一个或多个跨越不同学科领域的主题，这些主题需融合多学科知识与技能。借助综合性主题，学生能够更深刻地领悟各学科间的内在联系，并在此过程中锻炼其综合运用跨学科知识的能力。

（二）设计综合性学习活动

在教育环节中，教师应精心策划一系列围绕跨学科主题的综合性学习活动，旨在点燃学生的学习热情，鼓励他们深入参与跨学科的探索之旅。具体而言，可以安排实地考察、动手实验、项目驱动学习等多种形式，让学生在亲身实践中掌握知识并学会应用。这样的活动设计，能够让学生直观感受到学科理论在现实生活中的应用价值，从而在解决问题的过程中逐步锻炼并提升自己的综合能力。

（三）鼓励不同学科教师合作

促进不同学科教师间的沟通与合作，共同策划并执行跨学科的教学方案，具有深远的意义。这一举措旨在打破传统学科间的界限，推动学科间的相互渗透与融合，为学生营造一个更加开放、包容且多元化的学习环境。通过教师间的紧密协作，学生能够接触到更加全面和丰富的知识与观点，从而在潜移默化中培养出卓越的跨学科思维能力。

（四）充分利用现代技术

当代科技的飞速发展为跨学科教育提供了广阔的资源与工具宝库，教师应当积极采用这些先进技术，为学生创造更加鲜活、直观的学习场景。举例来说，借助在线协作平台，学生能够突破地域的局限，与全球各地的同龄人展开交流与合作；而虚拟现实技术的运用，则能让学生仿佛置身于各种真实或虚构的环境之中，不仅极大地增强了学习的趣味性，还显著提升了学习效果与实践应用能力。

（五）不断评估与反思

跨学科教学成效的保障离不开评估与深入反思。为了实现教学目标并促进学生学习，教师应采取多样化的评价手段，如细致观察、深度访谈及精心设计的问卷调查，全面收集学生的学习反馈。基于这些宝贵的反馈信息，教师可以灵活调整教学策略，对教学过程进行优化。通过不断的评估与反思，教师能够更精准地把握学生的学习需求与问题，从而迅速调整教学方法，确保教学活动的针对性，最终提升整体的教学效果。

第四章　体育运动的系统训练理论基础

在高校体育中，体育运动训练是核心部分，也是提升学生身体素质，加强意志品质培养的主要途径。本章将结合我国的教学实际，重点介绍体育运动训练的相关理论、原则和方法。

第四章 体育运动的系统训练理论基础

第一节 体育运动系统训练的理论

一、运动生理学理论

(一)肌肉运动

肌肉是运动要素中最重要的一个,因此,研究肌肉的结构、肌肉的种类以及收缩方式,是指导学生进行体育运动的理论依据。

1.肌肉的结构

人体的运动系统由多个关节、206块骨骼和大约600块肌肉共同构成。而肌肉在机体运动中起到核心的作用,肌肉的收缩和舒张机制,符合运动的需要,通过提高肌肉的质量,以及与骨骼的协调能力,可以实现运动技能水平的提升。

肌肉由肌细胞(肌纤维)组成,呈细长柱状,含细胞质和细胞核,外裹肌膜,内含横纹肌原纤维,由粗肌丝(肌球蛋白)和细肌丝(肌动蛋白、肌钙蛋白、原肌球蛋白)构成,两者滑动实现肌肉收缩与舒张。肌纤维集合成肌束,外覆肌束膜,再集结成肌肉。肌肉75%为水,25%为蛋白质、酶等。

2.肌肉的种类

人体肌肉大致可划分为三大类别:骨骼肌、平滑肌以及心肌,它们在多数情境下各司其职。骨骼肌不仅在数量上占据主导地位,也是构成体重的重要成分,它负责驱动人体执行各式各样的动作。相比之下,平滑肌与心肌则更多地参与到内脏器官的功能运作之中,例如平滑肌在胃肠道的蠕动过程中发挥着关键作用,而心肌则专注于心脏的跳动功能。

3.肌肉的收缩形式

肌肉的主要功能是执行收缩动作,根据肌肉缩短的程度和张力的不同,可以将收缩方式划分为以下几种类型。

（1）向心收缩

向心收缩是最普遍的形式，它涉及跳跃、弯曲肘部、握持球拍等动作。在向心收缩过程中，肌肉产生的张力超过了外力，导致肌肉长度缩短，使得连接的骨骼杠杆向相反方向移动。这种情况下，肌肉的起始和终止点之间的距离会变短。

（2）延伸性收缩

当外部力量超过肌肉力量时，会发生延伸性收缩，也称为拉长收缩，此时肌肉会被拉长，其两端点之间的距离随之逐渐扩大。在延伸性收缩过程中，肌肉的收缩力量与肢体的运动方向相反，起到了制动与减缓速度的作用。

（3）超等长收缩

超等长收缩是一种肌肉先经历拉伸随后迅速收缩的现象，通过这一机制，肌肉能在拉伸后产生更大的力量输出。在训练实践中，这种方法能有效增强肌肉力量。例如，在跳深练习中，运动员自高处跳下并立即下蹲，利用这一动作使腿部肌肉预先拉伸，为紧接着的跳跃动作积蓄力量。

（4）等长收缩

当肌肉产生的收缩力量与外部力量相平衡或小于外部力量时，尽管肌肉处于收缩状态，但其两端点间的距离却保持不变，这种情形被称为等长收缩。在等长收缩中，尽管肌肉并未完成明显的外在工作，但仍需消耗能量。武术中的马步站立与体操中的十字支撑等动作，均属于等长收缩的典型实例。

（二）物质代谢

1.碳水化合物的转化与利用

（1）碳水化合物在人体内的作用与存在形式

碳水化合物不仅是人体细胞与组织的基本构成元素，更是能量的主要来源。在特定条件下，它们还能转化为脂肪和蛋白质，满足人体的多样化需求。人体日常所需能量约70%依赖碳水化合物供应。

在人体内，碳水化合物主要以糖原和葡萄糖的形态存在。通过摄入食物后，碳水化合物被人体吸收，一部分转化为血糖，作为能量的即时供应者；另一部分则储存在肝脏和肌肉中，分别以肝糖原和肌糖原的形式存在，作为能量的储备库。在体液的调节下，血糖、肝糖原和肌糖原之间保持着平衡，确保能量的稳定供应。

（2）碳水化合物在体内的能量转换过程

碳水化合物作为能量的提供者，在体内经历着复杂的代谢过程。其主要的代谢途径包括糖酵解和有氧氧化两种。糖酵解是一个无氧代谢过程，碳水化合物在细胞内被分解为乳酸，同时释放少量能量，以满足身体在缺氧或剧烈运动时的能量需求。尽管糖酵解释放的能量有限，但其速度较快。相比之下，有氧氧化则是机体能量供应的主要方式，它能在有氧条件下将葡萄糖彻底分解为二氧化碳和水，释放的能量远超糖酵解。

2.脂肪代谢

在人体内部，脂肪多数以固态形式储存于皮下组织、器官及身体各组织中，而仅有微量脂肪以游离态游离于血液之中。这些脂肪大约占据了人体总体重的10%—20%。糖类，无论是来自食物还是体内储备，都是脂肪合成的主要原料。脂肪不仅作为能量仓库，为身体持续提供能量，还是构成细胞膜不可或缺的元素。它们在体内发挥着多重关键作用，如为内脏提供缓冲保护、协助维持体温稳定等。在特定生理条件下，脂肪可以通过氧化分解过程转化为二氧化碳和水，同时释放出可观的能量。随着运动的持续进行，脂肪氧化供能的比例会逐步增加，成为长时间运动中的主要能量来源。

3.蛋白质代谢

蛋白质是生命的基础，对组织构成、修复及维持生理功能至关重要，须每日通过饮食摄入。尤其在高强度运动期间，特别强调蛋白质的摄入。对于青年大学生来说，一方面，他们处于身体代谢旺盛的阶段，对蛋白质的需求较大；另一方面，由于他们的运动量较大，要想提高运动能力，必须加强各种营养的摄入，其中蛋白质最为重要。

就能量供给而言，尽管在运动过程中，蛋白质并非首选能量源，但饥饿或疲劳时身体可氧化蛋白质供能。因此，蛋白质是人体必要的能量储备。蛋白质代谢包括分解与合成，围绕氨基酸转化进行，受肾上腺素、甲状腺素、生长激素等激素调节。生长激素促进蛋白质合成，加速肌肉生长。对运动员而言，合理增加蛋白质摄入对提升表现和促进恢复有重要意义。

二、运动心理学理论

运动心理学，作为心理学与体育科学交汇融合的新兴学科，其研究重心聚焦个体在运动情境下展现的独特心理风貌。作为心理学在体育范畴内的专门分支，该学科深入剖析运动员参与体育活动时的心理起伏、心理特质以及心理规律，为体育活动的组织与运动训练的实践提供了极具价值的理论指导。

（一）运动心理学概述

在心理学的广阔领域中，心理现象被全面划分为心理过程、心理状态以及独特的个性心理特征等多个维度。心理过程的核心组成部分包括认知活动、情感体验以及意志力的展现。心理状态则特指个体在特定情境下，尤其是在运动训练中，面对信息处理时所展现出的即时心理状况，运动员在训练场与赛场上往往呈现出迥异的心态。而个性心理特征则深刻揭示了人们在兴趣爱好、天赋才能以及性格等方面的差异。

当前，依据运动环境的多样性，运动心理学已进一步细化为三大专业领域：竞技运动心理学专注于运动员在高强度竞技环境中的心理调适；学校体育心理学则关注青少年学生在校园体育活动中的心理发展；锻炼心理学则侧重于普通人群在日常体育锻炼中的心理体验与促进。

（二）运动中的情绪

1.情绪的概念

情绪，这一心理学范畴内的核心概念，涵盖了人们内心的一系列主观感

第四章　体育运动的系统训练理论基础

受与体验，它通常伴随着鲜明的外在表达，并映射出个人的内心渴望与需求状态。

2.情绪的内容

依据美国心理学家伊扎德的经典理论，情绪包括三大组成部分：情绪体验、生理唤醒，以及行为表现，这三者相互交织，共同构成了一个全面而复杂的情绪体验过程。

（1）情绪体验

情绪体验是情绪的主观内核，它赋予情绪以独特的色彩，常用诸如"愉悦""哀伤"等词汇来描述。个人的情感经历是一个动态演变的过程，深受环境的影响，既在种类上丰富多彩，又在强度上起伏不定。

从种类的维度来看，情感经历可以是单纯的（即单一情绪占据主导，如纯粹的愉悦或悲伤），也可以是复合的（多种情绪交织在一起，形成复杂而微妙的情感交织，如悲喜交加、在逆境中寻求慰藉等）。

从强度的层面而言，不同种类的情绪在不同时间段内展现出的强度各异。以愉悦为例，其强度可以从淡淡的舒适感逐渐升级至愉快、欢乐，乃至达到狂喜的巅峰。同样，愤怒的情绪也可从轻微的不满逐渐累积，直至生气，最终爆发为强烈的愤怒。随着情绪强度的攀升，个体往往愈发难以自我控制，深陷情绪的漩涡。此外，个体对不同事物的需求差异，决定了事物在其心中的重要程度排序。对于饥肠辘辘的人来说，食物的重要性显然远超饱腹之人，因此能引发更为强烈的情感反应。

（2）生理唤醒

在情绪体验方面，个体生理变化由自主神经系统调控。该系统包括交感神经和副交感神经，协同调节内脏器官、外部腺体及内分泌腺活动。情绪引发的生理反应可通过设备记录，成为评估情绪状态的客观标尺，如心率、血压、血糖等。

（3）行为表现

行为表现是情绪体验不可或缺的组成部分。它涵盖面部表情、肢体语言、声音特征以及言语表达等多个方面。在情绪的作用下，个体的行为表现会呈现出明显的差异，这些差异不仅反映了情绪的种类和强度，还揭示了个体的性格特征和情绪应对策略。

面部表情是情绪行为表现中最直观、最易于识别的部分。不同的情绪状态会导致面部肌肉的不同组合方式，形成特定的表情模式，如笑容代表愉悦，皱眉则暗示不满或困惑。肢体语言同样重要，它包括姿态、手势、身体动作等，能够传递出丰富的情绪信息。例如，紧张时人们可能会不自觉地握紧拳头，而放松时则可能舒展四肢。声音特征也是情绪表达的重要方式，包括语速、音量、语调等，它们的变化能够反映出说话者的情绪状态。此外，言语表达也是情绪行为表现的重要一环，通过词汇的选择、句子的结构以及语气的运用，个体能够更直接地表达自己的情绪感受。

值得注意的是，情绪的行为表现并非一成不变，而是受到文化、社会背景以及个体差异等多重因素的影响。在不同的情境下，个体可能会选择不同的行为表现方式，以适应不同的社交需求。因此，理解情绪的行为表现需要综合考虑多种因素，才能更准确地把握个体的情绪状态和心理需求。

三、运动训练学理论

运动训练的实践探索为运动训练学理论的构建提供了坚实基础。作为一门自成体系的学科，运动训练学致力于挖掘运动训练中的内在规律，其研究范畴广泛，涉及训练过程中的普遍原则、目标设定、内容安排、方法运用以及效果评估等多个维度，旨在为运动训练实践提供全面而深入的指导。

（一）运动训练学理论体系

运动训练实践活动的蓬勃开展，为运动训练理论体系的构建提供了肥沃土壤，并促使该体系广泛吸纳并融合多领域的学术精华，最终演化为一个相对成熟且完备的运动训练学理论体系（见图4-1）。

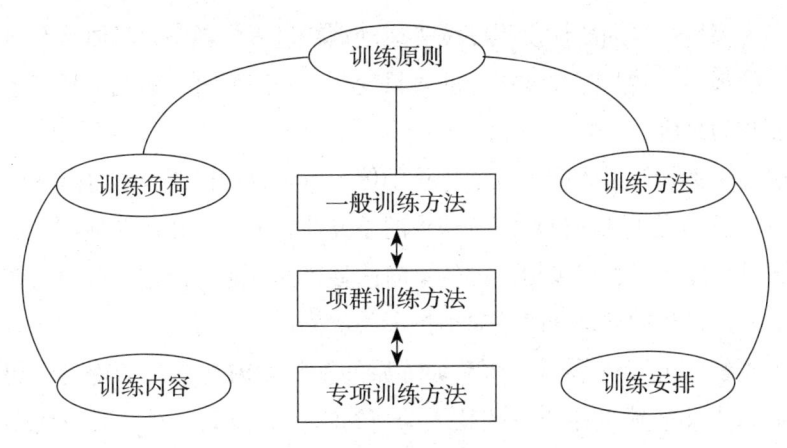

第四章 体育运动的系统训练理论基础

图4-1 运动训练学理论体系

我们可以从两个维度深入剖析运动训练学的理论体系，水平维度与垂直维度。在水平维度上，该理论体系全面覆盖了五大核心板块。而转向垂直维度，运动训练学理论体系则被细致地划分为三个层次：一般训练学方法（具备普遍适用性的基础理论）、项群训练学方法（针对特定运动类别而设计的理论），以及专项训练学方法（专注于单一运动项目的深度理论）。在这三个层次中，项群训练学层次扮演了一个桥梁角色，其重要性尤为突出。运动成绩的提升并非单一因素作用的结果，而是训练、心理、环境等多重因素交织影响下的产物。因此，运动训练学理论体系在构建过程中积极融合了人体运动科学、社会科学等多学科的知识，旨在扩大其理论的覆盖面和提升实际应用价值，充分彰显了运动训练学的跨学科综合性和实践导向性特征。

（二）运动训练学的理论基础

能量再平衡假说深入探讨了运动期间，及其后续阶段人体能量资源的损耗与恢复机制，揭示了以下几项核心发现：

（1）随着运动强度的适度增加，肌肉组织内的糖原储备会经历相应的消耗与增长。

（2）运动后的恢复期内，存在一个至关重要的阶段——超量恢复期，在此期间，损耗的能量资源会得到一定程度的超越性恢复。

（3）超量恢复期的恢复程度深受运动消耗过程的影响，具体涉及肌肉蛋白、肌红蛋白、磷脂等关键成分的含量变化。一般而言，运动消耗越大，超量恢复越为显著。

能量再平衡假说阐明了运动过程中体内各类物质消耗与恢复速率的不均衡性，以及不同运动项目对能量需求的差异性。因此，在运动训练中，精确调控训练强度、时长以及恰当的休息时间显得尤为重要。这一假说为教练和运动员制定科学的训练间隔策略提供了关键依据。

依据能量再平衡假说，运动训练后的恢复期内存在一个特定的超量恢复，此时人体的能量储备将超越运动前的水平。因此，在此阶段启动新一轮训练，能够更有效地提升机体的运动能力，持续推动人体机能的优化。若两次训练之间的时间间隔过长或过短，均可能影响训练效益。

第二节　体育运动系统训练的基本原则

运动训练的基本原则，是训练活动中固有规律的体现，遵循这些原则即是顺应自然法则，标志着训练过程的高度科学性；反之，若忽视或违背这些原则，则意味着背离了客观规律，训练将失去其科学基础。这些原则在指导训练实践中的关键作用，正体现在它们对科学训练的导向作用上。因此，要确保训练的科学性，就必须坚持运动训练的基本原则。

一、一般训练与专项训练相结合的原则

融合一般训练与专门训练的原则，要求我们在运动训练中，根据运动项目的独特性、运动员的个体能力以及训练的具体时期和目标，灵活调整这两

种训练类型的比例分配。尽管一般训练与专门训练在内容构成、实施方法及产生的效应上各有侧重，但它们共同指向一个终极目标——提高运动员的专项竞技水平。对于青少年运动员来说，在训练的起始阶段，如果偏重专门训练而忽视了一般训练，可能会对他们的长期职业发展造成不利影响。因此，核心在于精准把握运动员的当前能力和所处阶段，适时且恰当地调整一般训练与专门训练之间的平衡。

二、系统的不间断性原则

系统的不间断性原则强调的是从运动员开始接受初期训练，一直到他们取得卓越的运动成绩，并且在这一过程中持续保持和进一步提升自己的竞技水平，直至他们的运动生涯走到尽头，整个过程都应当是系统化且连续不断的。这一原则的核心在于确保运动员在整个运动生涯中，无论是训练、比赛还是恢复，都应当遵循一个连贯且持续的计划，以确保他们能够在每一阶段都保持最佳状态，从而取得最佳运动成绩。

三、周期性原则

在运动训练的阶段性布局中，我们常常将训练过程分为几个时长不一的时间段，包括长期训练周期（跨度为4—8年）、年度训练周期（通常为半年至一年）、中期训练阶段（持续4—8周）、短期训练单元（4—10天），以及单次训练课程（时长为1.5—4小时）。这样的划分有助于我们系统地规划训练活动。

每个训练周期都涵盖了三个阶段：准备阶段、比赛阶段和恢复阶段，它们相互关联，每个阶段都有特定的任务，包含不同的训练内容、强度、手段和方法。鉴于运动项目的多样性，运动员所需的体能和技能各不相同，比赛的日程安排也各有特色。例如，耐力类项目对体能要求极高，恢复时间较长，因此年度内的训练周期相对较少；而技术型和对抗型项目，特别是球类运动，比赛频繁，赛季较长，因此年度内的训练周期较多，常采用多周期的训练模式，比赛阶段也相应延长。冬季项目如滑雪、滑冰等，受季节因素影响，通常只安排1—2个年度训练周期。

在现代竞技体育中，一些顶尖运动员需要在一年内多次参加重要赛事，并期望在每场比赛中都能取得优异成绩，这促使我们提出了多周期训练的理念。然而，如何对这些运动员进行多周期训练，仍是一个需要通过实践探索和科学研究来不断完善的课题。

四、区别对待原则

区别对待原则强调在体育训练中，应依据运动员的个体特征来设定训练目标，挑选适宜的方法、工具，并安排相应的运动强度。该原则所涵盖的个体特征包含年龄、性别、教育背景、体能状况，以及承受训练压力的能力、技能水平和心理素质等因素。

第三节 体育运动系统训练的方法与手段

一、现代运动训练的方法

（一）分解训练法

分解训练法是一种训练技巧，它将技术动作或战术配合的完整过程分解为若干独立的部分或环节，然后对这些部分进行单独练习。这种方法使运动员能够专注于特定的训练点，通过专门加强关键技术环节和战术细节的训练，提高整体训练效果。它尤其适合那些复杂且可分解的技术动作或战术配合，特别是在采用整体训练法难以快速掌握技术，或者某些特定环节需要更精细的专业训练时。

（二）完整训练法

完整训练法要求运动员从技术动作或战术配合的开始到结束，不进行任何分割，而是进行连贯的练习。这种方法有助于运动员全面理解和掌握技术动作或战术配合的全过程，并保持技术动作或战术配合的连贯性和各环节间的协调性。

（三）重复训练法

重复训练法，它要求运动员不断重复执行同一练习，且在每组练习之间有充分的恢复时间。这种方法通过不断重复相同的动作或动作组合，强化运动员对技术动作的学习和巩固，同时，通过连续施加稳定负荷的训练，促使身体快速适应，进而提升运动员的体能水平。重复训练法的几个核心要素包括单次练习的负荷量、练习的强度以及练习间歇时间。在休息期间，运动员可以选择静坐休息、进行肌肉放松按摩或是轻松步行来恢复体力。此外，根据单次练习持续时间的不同，重复训练法还可以细分为短时、中等时长和长时间三种不同的训练模式。

（四）间歇训练法

间歇训练法要求运动员多次执行相同的训练动作，并在每组动作完成后安排足够的恢复时间。通过反复进行特定的动作或动作组合，旨在加深运动员对运动技能的记忆，进而帮助其掌握并巩固技术动作；同时，通过维持一定的训练强度并持续施加负荷，促使身体产生适应性变化，提高运动员的体能水平。间歇训练法的几个关键因素包括每次练习的负荷大小、练习的强度级别以及组间的休息时间。在休息期间，运动员可以采取静态休息、肌肉拉伸或轻松步行等方式来恢复。根据单次练习的时间长短，间歇训练法可以分为短时、中等时长和长时三种不同的训练模式。

（五）持续训练法

在运动训练中，为了增强基础耐力并精进那些需要精确控制且负荷强度适中的技术动作，采用连续不断的训练方式能够使身体逐渐适应长时间的负荷，同时促进内脏器官的功能性调整。此外，这种训练还能提升有氧代谢系统的能量供应效率，增强在有氧条件下的运动表现。它为后续提高无氧代谢能力奠定了坚实基础。持续训练通过低强度、长时间且连续不断的练习，达到增强机体心肺功能，提升有氧运动能力的目的。在训练过程中，运动员的心率应维持在每分钟130—170次。

（六）变换训练法

变换训练法是一种通过改变运动强度、训练焦点、练习模式及训练环境等手段，旨在提升运动员的参与积极性、训练兴趣、适应多变情境的能力以及应对未知挑战能力的训练方法。这一训练策略是依据比赛环境的复杂性、竞争的激烈程度、技术的快速更迭、战术的灵活应变、运动员能力的全面性，以及中枢神经系统的高度可塑性等要素而精心设计的。变换训练法主要分为调整运动强度和调整练习主题两种策略。调整运动强度有助于身体适应特定运动项目的需求，进而提升应对不同强度比赛的能力。调整练习主题则有助于系统地提升运动员的多种运动素质、技术和战术，使其更贴合实际比赛的多方面需求。根据变换的具体内容，变换训练法可细分为负荷调整训练法、主题调整训练法和形式调整训练法三种。

第四章 体育运动的系统训练理论基础

（七）循环训练法

循环训练是一种将训练内容划分为若干个独立环节的训练模式，运动员按照既定的顺序依次完成每个环节的训练。这种方法能够提高训练的趣味性、积累训练负荷，并能够轮流锻炼身体的不同肌群。循环训练的关键要素包括：各环节的训练内容、训练强度、环节的排列顺序、环节间的休息时长、环节的数量以及循环的次数。根据运动员的具体情况，循环训练需要进行个性化调整，以调动不同水平运动员的训练热情和情绪，合理增加训练的密度，并实现个性化训练。此外，循环训练有助于防止局部过度负荷，推迟疲劳的发生，有利于全身的均衡训练。在实际操作中，循环训练中的"站点"指的是单个训练环节，如果多个环节连续进行而没有间歇，则这些环节的组合被称为一个"段落"。

二、现代运动训练的手段

（一）周期性单一练习手段

周期性地重复某一单一动作的练习，作为一种高效的身体锻炼模式，其核心在于通过周期性地重复执行一系列简洁、精炼的特定动作，来实现练习者身体机能的快速提升。这种方法以其动作的直接性和针对性，帮助练习者迅速掌握并熟练核心动作，进而实现对该动作所涉及的所有肌肉群的精准强化。

根据训练目标的不同，周期性单一动作重复训练可以进一步细化为局部周期性练习和全身周期性练习两大类别。局部周期性练习专注于身体某一特定部位，通过针对性的周期性运动，有效增强该部位的肌肉力量和耐力。而全身循环练习则强调全身各个部位的协同参与，通过周期性的全身运动，实现整体身体素质的全面提升。

（二）混合型多元练习手段

混合型多元练习手段，是一种将多种单一动作形态巧妙融合，形成复杂且多环节的训练方法。这种训练方式不仅要求运动员在构建复杂动作的神经连接上有所突破，还致力于丰富他们的技能库，帮助他们掌握并精进各种复杂技术动作。由于这些动作在执行时呈现出非固定周期的特性，它们对于提升运动员的协调性、时空判断能力以及整体运动效能具有显著效果。

此外，混合型多元练习手段因其动作环节的多样性，使得运动员能够更细致地掌握每个动作的要领。这种训练方式与力量型体能主导项目、技能对抗型项目的技术要求高度契合，因此成为这些项目训练中的核心方法。进一步地说，混合型多元练习手段还可以细化为局部综合训练和全身综合训练两大类别，以满足不同项目运动员对训练的具体需求。

（三）固定组合练习手段

在体育训练中，固定组合练习手段是一种将多种训练方法以特定模式融合在一起的练习形式。这种训练方式具有许多明显的优势，比如，它可以显著提升动作的熟练度，让学生更快地掌握与技术动作相匹配的运动技巧与节奏，从而循序渐进地提高整体运动能力。更重要的是，固定组合练习手段能够促进复杂动作临时神经连接的建立，不断丰富学习者的技能库，为日后学习更高级的技术打下坚实基础。同时，它对于培养学习者的运动协调性和时空判断能力也起到了至关重要的作用。

（四）自由组合练习手段

自由组合练习手段是指，根据练习者自身的独特需要，在多种动作结构中，自主重新进行选择和组合练习手段，以满足自己的发展需要。这一训练手段适用于具有一定的运动基础，且希望在短期内就某一项运动技能得到提高的运动员或者运动爱好者。

第五章　田径运动科学训练探索

田径项目是体育运动的基础，也是体育教学中所占比重较大的部分。科学系统的田径训练是提升人体身体素质和运动水平的关键部分。本章将选取几个最常见的田径项目进行重点讲解，包括竞走、跑类项目、跳类项目和投类项目的科学训练方法。

第一节　竞走项目科学训练

竞走构成了田径项目中走类运动的核心部分，同时它也是田径训练中不可或缺的一个环节。这项运动起源于19世纪末的欧洲，随后传入我国，至今在我国已有超过一个世纪的发展历程。目前，我国的竞走项目已经实现了迅猛发展，并在世界大赛上屡获佳绩。本节将重点探讨竞走的基本技术和训练方法。

一、竞走运动基本技术

（一）姿势

在竞走运动中，运动员需确保整个行进过程中，身体维持挺直与松弛状态，背部保持平直状态不变。骨盆在迈步时不应出现前倾或后仰的情况，而是应确保身体的中心轴线与地面形成直角（图5-1）。为了保持恰当的身体姿势，运动员的头部需自然放松，目光注视前方。

图5-1　竞走姿势示意图

第五章　田径运动科学训练探索

（二）髋部运动

人体前进的动力源自髋部运动。当髋部在水平面上向前旋转（即横轴与地面保持平行），会促使后腿离地。髋部宛如一个驱动装置，驱动膝关节和脚部加速前行。随后的摆动阶段，膝关节会逐渐追赶上髋部的前移位置。这一连串动作不断重复，直至竞走结束。在着地瞬间，脚后跟会略微位于膝关节的后方。

（三）步长

恰当的髋部动作能够有效增加步幅长度（图5-2），并且确保脚部准确置于一条直线上（图5-3a）。相反，如果髋部动作不正确，比如转髋不充分或因骨盆柔韧性不足受限，将导致脚部偏离直线两侧（图5-3b和5-3c），从而对竞走的步长产生不利影响。

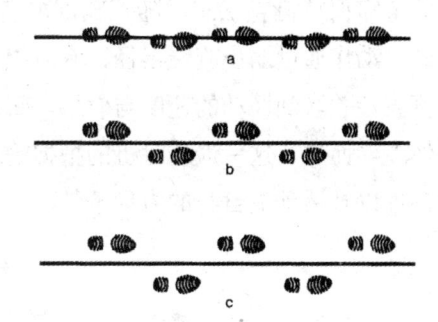

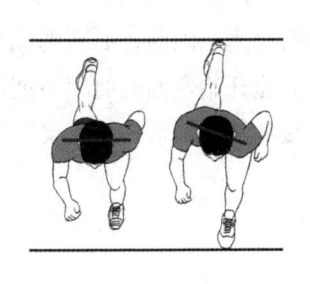

图5-2　竞走步长　　　　图5-3　脚步对比

通常情况下，运动员不会选择将脚过度前伸来增加步长，因为这可能导致步伐过大。正确的方法是，通过髋部的驱动来提升腿部和脚部的速度，从而自然增加步长。当髋部动作准确时，脚着地几乎能精确保持在一条直线上。若竞走运动员未掌握正确的髋部动作而试图模仿这种着地方式，可能会导致膝关节不必要的紧张。

理想的脚部放置状态是脚尖指向身体正前方。然而，部分运动员会根据个人习惯，如脚尖自然外展或内扣来放置。对于竞走运动员而言，强制改变其脚部放置方式可能引发腿部、脚部及膝关节的紧张。因此，关键在于确保髋部动作正确，从而使脚部着地点自然落在一条直线上，提高竞走效果（图5-4）。

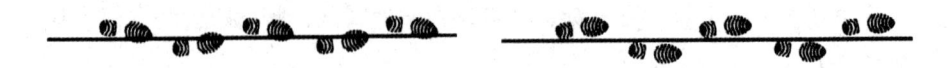

脚尖向内运动员的脚的着地　　　　　脚尖向外运动员的脚的着地

图5-4　不同脚尖方向的着地对比

（四）膝关节动作

在图5-5所示的阶段，即从脚跟触地至支撑腿达到直立状态的瞬间，膝关节需保持挺直状态。随着腿部准备进入下一次摆动，膝关节会自然屈曲，这一动作通过缩小旋转半径，有效提升了摆动的速率。因此，后腿弯曲的程度直接关联到摆动的速度与效果。每位运动员后腿开始弯曲的时机可能因个体差异而异，这一最佳时机的把握需综合考虑膝关节的构造特征、关节的柔韧性以及运动员自身的力量条件。

图5-5　竞走膝关节动作示意

（五）脚的动作

脚跟触地而脚尖上翘，需避免全脚掌同时着地。当脚掌触及地面的瞬间，人体的前行运动便启动了。在腿部完全支撑起身体重量之前，脚尖会维持一个短暂的悬浮状态，而这个悬浮时间的长短，直接受到小腿外侧肌肉力量影响。就在腿部即将抬升离开地面之时，小腿肌肉会发挥作用，促使脚部旋转至竖直位置，从而为前进提供额外的推力。与此同时，另一侧脚部则在前方移动，但它并不会直接在地面上拖动。恰当的脚部动作不仅有助于身体重心转移的流畅性，还能显著减轻膝关节因承受体重而带来的压力。

（六）摆臂动作

在竞走运动中，运动员的摆臂动作会因人而异。竞走时，他们的肘部通常呈45°—90°弯曲，且这一角度需维持恒定。尽管如此，摆臂时的肌肉状态应是放松的。与伸直手臂摆动相比，采用屈臂摆动的方式能够更有效地提升竞走的速度和效率，这是因为屈臂减小了摆动的半径，从而加快了摆动频率，并且为运动员在竞走过程中提供了必要的休息时间，使他们能够更轻松地应对较长距离的竞走挑战。值得注意的是，摆臂动作主要沿着前后方向进行，而非左右摆动。

手臂移动的轨迹应从臀部后方、腰带水平处开始，沿着弧形路径摆动至胸骨区域，双手在移动过程中避免在身体中轴线交叉，整个手臂的摆动应保持低平且自然。在竞走运动中，肩胛区域应保持放松，避免任何紧绷感，同时，在摆臂动作的收尾阶段，应避免肩膀的上提。运动员的手需维持一种自然的松弛状态，但在摆动过程中，手腕既不应下垂也不应过度前后晃动。相反，手腕应维持挺直，而手部则宜采取半握拳的姿态。当手臂摆动至臀部附近时，手指的方向应朝向身体内侧。若运动员在放松状态下半握拳感到不适，他们有权选择完全握拳，但需注意保持拳头的松弛度，并让拇指自然地放置在食指与中指之间。在不影响竞走成绩的前提下，运动员可以根据个人的舒适度和习惯，灵活调整握拳的具体方式。

二、竞走技术训练方法

（一）短距离加速走

根据身体和技术条件，进行40—1000米的中速走。

（二）"8"字形走

绘制两个半径分别为10—15米的圆圈，使其相交形成如"8"字般的路径，这条路径既包含逆时针方向的部分，也涵盖顺时针方向的部分，并且，这个"8"字形路径的长度可以根据需要无限制地延长。

（三）骨盆动作的训练

首先，原地进行髋关节屈伸练习，双脚保持20—30厘米的距离。在髋关节伸展时，一只脚全脚掌平稳接触地面，而另一只脚则进行髋关节屈曲和膝关节伸展的动作，以前脚掌作为支撑点，膝盖弯曲的方向指向另一只脚的脚尖。其次，进行原地模拟髋关节旋转的练习，包括双腿交叉的竞走步伐，以及借助肋木进行的髋关节旋转训练，这些练习旨在提升髋关节的灵活性，并有助于掌握正确的旋转技巧。再次，在行进过程中，双腿左右交替跨越，确保每一步都落在前进路线的中心线上。最后，在行走时，摆动腿应以低姿态弯曲膝盖，带动髋关节向支撑腿的前方摆动，随后膝盖伸直，足跟先着地，同时大腿向外旋转，确保脚尖始终朝前。

（四）摆臂训练

1.原地摆臂练习

进行原地手臂摆动的练习。站立时，双腿前后分开，身体重心前移，以前腿为支撑。以肩关节为旋转中心，上臂引领前臂进行前后摆动，手部保持半握拳状态，肘部弯曲约成直角，但需注意前摆时手臂不可越过身体的中线。摆动的高度需控制在低于下巴的位置，后摆时肘部应轻微向外展开。

2.结合腿的动作

（1）行进间摆臂与腿部配合练习

在跑道或空旷场地上进行竞走练习，先从较慢的速度开始。注意观察自己的摆臂和腿部动作是否协调一致，保持身体平衡。逐步加快速度，同时保持摆臂和腿部动作的稳定性和节奏感。在加速过程中，要避免身体过度前倾或后仰，以免影响摆臂和腿部的配合效果。

（2）摆臂幅度与腿部力量配合练习

在练习过程中，可以尝试调整摆臂的幅度来观察对腿部力量的影响。一般来说，摆臂幅度越大，腿部力量也会相应增加，但同时也要注意保持动作的流畅性和协调性。通过反复练习，找到最适合自己的摆臂幅度和腿部力量配合方式。

（3）节奏与呼吸配合练习

竞走过程中，节奏和呼吸的配合也是非常重要的。在练习时，可以尝试将呼吸与摆臂和腿部动作相结合，形成稳定的节奏。例如，呼吸频率保持稳定，并在每个呼吸周期内完成一定次数的摆臂和腿部动作。

第二节　跑类项目科学训练

田径运动中的跑类项目包含短跑、中距离跑、长距离跑、超长距离跑、越野跑、跨栏跑、3000米障碍跑和接力跑等。本节主要探讨短跑、中长跑以及障碍跑这三个项目的技术与训练方法。

一、短跑技术及训练

（一）短跑运动基本技术

1.起跑技术

起跑是从静止状态过渡到运动状态的关键环节，其核心是在瞬间获得向前的冲力，打破平衡。因此，起跑技术的动作要领，主要体现在蹬腿摆臂动作的配合上，并实现在最短时间内快速启动。

短跑起跑采用蹲踞式起跑，整个过程分为"各就位""预备"及"起跑"（通常由枪声触发）三个阶段，三者紧密相连，任何环节的脱节都可能影响起跑效果，进而影响整体速度。蹲踞式起跑的核心目标是迅速响应枪声，实现快速起跑。

在"各就位"阶段，运动员需调整心态，通过深呼吸放松，随后走向起跑器，采用蹲姿，双手撑地，双脚分别置于起跑器的前后抵趾板上，后腿弯曲，膝盖触地，双臂伸直，双手支撑于起跑线后沿，并保持身体重心在支撑点的中央，等待下一个指令。

进入"预备"阶段，抬起臀部至略高于肩部位置，身体重心前移，同时双腿顺势蹬地，前腿膝关节角度为90°—100°，后腿膝关节角度为110°—130°，这样的角度可以在起跑时获得最大速度。

起跑枪声响起后，两臂快速屈肘前后摆动，双腿同时有力蹬离起跑器，以实现加速。

2.加速跑技术

加速跑是起跑与途中跑之间的桥梁，它着重于利用起跑的初始动力，迅速达到最佳速度。实现高效的加速跑，首要条件是起跑姿势的准确无误和力量的有效传递。运动员在加速跑中需维持恰当的前倾角度，腿部蹬踏与手臂摆动需迅速且充满力量，并逐步调整身体姿势，增加步幅，加快步伐节奏。

加速跑初期，运动员从静止状态出发，速度较慢，双脚着地时呈现两条相对狭窄的路径。随着速度提升，这两条路径逐渐汇聚成一条直线，这一过程通常在起跑后10—15米内完成。

起跑后的首步步长应适中,通常位于起跑线前方60—70厘米处。在最初的几步中,运动员上身前倾显著,手臂摆动需强劲有力。双脚最初沿两条窄线前进,随后随着速度加快,逐渐合并为一条直线。一般而言,经过约20米的加速跑后,运动员将过渡到途中跑阶段。

3.途中跑技术

途中跑是短跑中距离最长且速度最快的部分,其核心在于维持并发挥高速奔跑的能力。途中跑技术涉及后蹬、折叠、抬腿及着地等多个环节,整体动作轻盈、协调、富有弹性,节奏明快。

途中跑技术的细节包括双腿的动作模式、身体重心的平衡控制、手臂摆动以及上半身的姿态。在途中跑中,技术要点在于:身体保持正直并微前倾,两臂以肩关节为中心,通过肘关节(约90°弯曲)的有力摆动来辅助身体运动,手掌快速有力地挥动。在摆动过程中,前摆时肘关节角度可扩大至60°—70°,后摆时则达到130°—140°。大腿带动小腿进行大幅度快速摆动,前脚掌以扒地的方式着地,同时双腿的蹬踏与手臂的摆动需紧密配合,形成高效的动力传递链。

4.弯道跑技术

(1)弯道起跑

弯道起跑的核心在于迅速启动,为后续的加速冲刺做好铺垫。尽管起跑的基本技巧与直线起跑相似,但弯道起跑更注重腿部蹬力与手臂摆动的协调。为了提升起跑后的直线加速效果,弯道起跑器的位置应精心设定在外侧分道线旁,对准内侧分道线的切线点。起跑时,右手应置于起跑线后方,左手则稍微后移5—10厘米,确保起跑瞬间身体对准切线,从而最大程度地利用直线加速的优势。

(2)弯道起跑后的加速

弯道起跑后的加速阶段,运动员需迅速提升速度至极限。这一过程中,适宜的前倾角度、强有力的蹬踏与摆动至关重要。随着不断的加速,运动员应逐步增大步幅,提升身体重心,并努力使行进路线趋向直线。在加速初期,适时抬起上体有助于在弯道及后续跑程中保持身体平衡。

(3)弯道途中跑

弯道途中跑的核心在于保持或提升速度,同时保持途中跑的正确姿势,但需注意左、右两侧动作的差异。右侧的动作幅度适当加大，以适应弯道的曲率。尽管弯道在整体赛程中占比较小，但其对比赛结果的影响不容小觑。运动员需确保从直道平稳过渡到弯道，再从弯道顺利回归直道，以保持适宜的速度与节奏。进入弯道时，身体应向内倾斜，增强右腿蹬地与摆动力量，右臂摆动亦相应加大。弯道内，右脚前脚掌内侧与左脚前脚掌外侧为主要用力点。大腿前摆时，右膝微内扣且摆动幅度大于左膝，右臂摆动幅度亦大于左臂，方向指向圆心。从弯道转入直道时，身体倾斜度逐渐减小，自然过渡至正常途中跑。

5.终点冲刺跑技术

冲刺时刻的跑法与全程跑保持一致，关键在于持续加速直至冲过终点。一般短跑在距离终点约15—20米时进行冲刺，此时运动员需拼尽全力以自己的最快速度冲向终点。在靠近终点线时，上半身应尽量前倾，努力以胸部第一时间触碰终点线。然后减速，调节呼吸，通常要保持走动一段时间，让身体逐渐适应从高速奔跑到平静的状态，但要避免突然停止，以防止跌倒受伤。

（二）短跑技术训练方法

（1）从高抬腿跑步转换至正常跑步，从小步跑步转换至正常跑步。
（2）仅用脚掌触地，执行直腿跑步或直腿跳跃，确保踝关节得到充分伸展。
（3）利用胶带进行起跑及加速跑的练习。
（4）原地进行摆臂动作，并与弓步换腿跳相结合。
（5）进行交换腿蹬摆跳，强调快速向前摆动腿部。
（6）练习半弯道跑步和全弯道跑步技术。
（7）在跑道上画出白线，进行大步幅跑步或快速步频跑步。
（8）扶着肋木架，单腿进行跑步模仿动作练习。
（9）分组以快速跑步速度通过终点，并练习撞线技术。
（10）分组根据口令进行30—60米的起跑练习。

二、中长跑技术及训练

（一）中长跑运动基本技术

1.起跑技术

中长跑项目中，起跑技术主要分为半蹲式和站立式两大类。在半蹲式起跑中，运动员抵达起跑线后，会将主力脚置于起跑线后方，另一脚则向后自然延伸，两脚之间的距离约为一个脚掌的宽度。此时，与主力脚同侧的手臂会贴地支撑，手掌以"V"字形展开，稳稳地撑在起跑线后沿。整个身体的重量主要由这条支撑臂和前腿来承担。半蹲式起跑的优势在于它具有稳定性，从而有效避免因重心偏移而导致的起跑犯规。

相较于半蹲式起跑，站立式起跑则相对简单直接，没有特定的技术要求。运动员只需保持高度的专注力，一旦听到起跑信号，便立即启动，全力向前奔跑。这种方式强调的是反应速度和即刻爆发力。

2.加速跑技术

在加速跑阶段，身体需轻微前倾，腿部摆动、手臂挥动以及脚部的蹬踏动作都应迅速且积极主动。加速跑持续的距离会根据比赛项目、个人体能特点以及比赛实际情况而有所差异。例如，在800米赛跑中，运动员通常会持续加速直至进入弯道末尾；而在1500米赛跑里，加速过程则会在直道尽头告一段落，随后平稳过渡到稳定且有节奏的途中跑阶段。这一转换是起跑与途中跑之间衔接的关键，因此，对速度与节奏的精准把控至关重要。

3.弯道跑技术

在中长距离跑比赛中，超过赛程半数是在弯曲的跑道上进行的。由于弯道跑步需要克服离心力，其技术要求自然与短跑有所不同。不过，由于中长跑的速度相对较慢，所需的技术调整幅度也相应减小。为了平衡弯道跑步时产生的离心力，运动员的身体应适度向弯道内侧倾斜，且随着速度的提升，倾斜的幅度也应相应增大。

在摆臂动作方面，右臂的前摆幅度应略大于左臂，同时右臂在摆动时应稍微朝向身体内侧，而左臂的后摆幅度则相对较大。在腿部摆动时，右腿的膝盖应稍微向内扣，而左腿的膝盖则稍微向外展开。当脚触地时，右脚的前脚掌应以内侧先着地，而左脚则以外侧先着地。

在弯道跑步时，为了减少不必要的距离损失，运动员应尽量贴近跑道的内侧线。此外，在比赛中超越对手时，应尽量避免在弯道上进行，因为这可能会打乱节奏并增加能量消耗。

4.冲刺技术

冲刺阶段的长度需依据比赛项目、个人训练状况以及实际比赛情况来决定。通常来说，800米项目会在最后300—200米冲刺，1500米项目则在最后400—300米冲刺，而3000米以上的项目则可能在最后400米或更长距离时开始冲刺。速度型选手通常会在最后一个直线段突然加快速度；而耐力型选手则倾向于在较长时间内进行冲刺。

5.呼吸技术

进行中长距离跑步时，运动员的体内会发生一系列生理变化，特别是内脏器官的活动状态调整，这可能导致肌肉所需的氧气供应暂时不足。随着运动的持续，运动员可能会出现胸闷、四肢乏力、呼吸受限以及速度下降等现象，这种现象被普遍称为"极点"，它是身体对运动强度提升的自然反馈。面对"极点"，运动员需凭借顽强的毅力坚持下去，同时调整呼吸深度与节奏，减缓速度。这样，"极点"症状会逐渐缓解，身体也将迎来新的适应阶段，即"第二次呼吸"，此时身体机能水平会有显著提升。

一般而言，可以采用每跑两三步呼气，随后再跑两三步吸气的模式。随着速度的提升和疲劳的累积，呼吸频率会自然加快，此时可调整为每跑一步呼气、再跑一步吸气的节奏。总之，要保持呼吸的节奏，尤其重要的是充分呼气，因为只有彻底排出体内的二氧化碳，才能更有效地吸入新鲜空气。在多数情况下，呼吸是通过鼻子与半开的嘴巴共同完成的。在寒冷天气或逆风跑步时，为了减轻冷空气和强风对喉咙的刺激，运动员可以轻轻抬起舌尖，接触上颚。

（二）中长跑技术训练方法

1. 起跑训练

（1）在起跑线后多次模拟站立式起跑，听"预备"口令调整双脚位置与身体姿态，确保起跑前姿势标准。

（2）在集合线后，响应"预备"与"跑"的指令，执行站立式起跑并迅速过渡到30—80米的加速跑。

2. 加速跑训练

（1）集体起跑加速。10人一组，听口令与哨声起跑，强化起跑后加速技巧。

（2）速度感知与节奏。进行200—400米的中等速度重复跑，确保起跑动作准确，动作自然流畅，呼吸与步伐协调，提升速度感知能力。

3. 途中跑训练

（1）轻松大步奔跑。降低重心，稍后蹬，充分蹬伸，小腿前摆，着地积极有力，膝关节与踝关节微屈，吸收冲击。

（2）快速轻盈跑。保持高重心，加快步频，稍后蹬，脚腕充分后蹬并迅速离地，摆动腿积极摆动。

（3）循环跑。小强度与较大强度交替，男生300—600米，女生200—400米，合理设定速度与距离，反复练习。

（4）变速奔跑。100米快速与100米慢速交替，提升加速能力，控制节奏，增强耐力与协调能力。

（5）负重持久跑。扛、背负或在腰腿部负重，根据跑程与个人体力调整，全程或部分负重跑，提升力量与耐力。

4. 冲刺训练

依据能力分组，男子1200米，女子600米中速跑，最后100—200米加速冲刺。

三、障碍跑技术及训练

（一）障碍跑运动基本技术

1.跨越障碍栏架技术
田径竞赛规则允许运动员在跨越障碍栏架时，借助手、脚支撑或直接跨过。因此，运动员可采用"踏上跳下"和"跨栏法"两种方法越过障碍栏架。优秀运动员多采用后一种方法。

（1）"踏上跳下法"越过障碍架技术

采用"踏上跳下"这一方法前，运动员需精准判断起跨点，调整步频与步幅，适度提速。起跨腿触及起跨点后，摆动腿迅速屈膝上扬，双臂同步上摆，助力身体重心提升。随着重心前移，摆动腿脚掌轻巧地落于栏架横木，积极屈膝缓冲，同时上身进一步前倾，起跨腿顺势跃过栏架，继续向前奔跑。支撑腿在离开栏架时，无需额外施力，保持自然后蹬即可。

运用"踏上跳下"技术时，关键在于保持身体重心尽可能低，减少空气阻力。踏上栏架的腿部应弯曲至约90°，躯干大幅前倾，形成紧凑的团身状态。脚部应柔和、准确地由上至下接触栏架，避免直接冲击造成速度损失。蹬离栏架时，力量应与常规跑动中的后蹬保持一致，无需过度发力。此外，运动员还需掌握双腿均能作为踏上腿的技术，以确保在比赛中灵活应对。

（2）"跨栏法"越过障碍架技术

在障碍跑项目中，障碍架的高度与400米栏保持一致，同时，采用"跨栏法"越过这些障碍的技术也与400米栏技术相仿。然而，由于障碍架稳固地安装在跑道上，无法被撞倒，且其横木顶部拥有12.7厘米的宽度，因此，精确选择起跨点对于成功跨越障碍至关重要。

障碍跑比赛不设定固定跑道，各障碍栏架之间的距离为78米，且水池设置于跑道内侧。这两个特点使得从起跑至首个障碍栏架，以及各障碍栏架之间的跑动，无法依赖固定的步数。因此，训练运动员的目测能力，以准确判断起跨点，显得尤为重要。

在障碍跑比赛中，运动员可能面临与多名对手同时跨越栏架，或被对手包围的情况，这会影响目测起跨点和跨越技术的发挥。因此，在训练中，应加强运动员的心理素质和战术训练，帮助他们有效应对这些干扰。

2.跨越水池技术

跨越水池障碍是极具挑战性且体力消耗巨大的环节，它要求运动员先登上障碍栏架，再由此跳跃，横跨长达3.66米的水域。特别是在比赛初期，可能有多名运动员同时尝试跨越，而到了比赛后期，运动员在体力透支的情况下仍需面对这一难关。因此，熟练掌握跨越水池的技巧至关重要。

针对水池障碍，存在两种主要跨越方式：一是先登上水池后的障碍栏架，再由此跳跃至水池对岸；二是采用"跨栏法"一次性跨越障碍栏架和水池，多数顶尖运动员倾向于选择前者。

（1）从障碍栏架跨越水池的跳跃技巧

运动员先登障碍栏架，再跳至水池对岸。距水池15—20米时提速，最后一步缩短步幅，起跨点距栏架1.5—1.8米。踏上起跨点后，后蹬起跨，摆动腿大腿摆至水平，双臂上摆，身体跃起。重心达最高点时，躯干前倾，摆动腿脚掌柔和踏栏，膝弯曲成直角，重心下降越过栏架。脚掌紧扣横木前沿，蹬扒带动身体前移，支撑腿蹬伸。身体二次腾空，形成向前跨步姿势，前腿下落，后腿折叠靠拢，前小腿指预定落点，膝伸直。落地时重心前移，后腿超越落地腿，便于奔跑。理想落点在水池前沿30—40厘米水域。

（2）跨栏法

采用跨栏法跨越障碍及水池时，运动员近水池15—20米时提速，一步跨过障碍架（跨栏步）跳得更远。跨栏法起跳点近障碍架，着地点远，落水池浅区。需加速奔跑，起跳用力大，消耗能量多，但重心抛物线低，跨越水池速度快。

（二）障碍跑技术训练方法

1.障碍栏架的跳上跳下训练

（1）以中等速度在跳箱上进行跳上跳下练习（跳箱高度从低逐渐增加至91.4厘米），双腿交替。

（2）以中等速度在障碍栏架上进行跳上跳下练习，左右腿交替。

2.障碍栏架的跨栏训练

（1）反复以中等速度跨过障碍栏架，左右腿交替起跨。

（2）以中等速度跨越3—4个障碍栏架，栏间距为30—40米，使用能踏上起跨点的腿进行起跨。

3.水池跳越训练

（1）在沙坑边缘设置障碍栏架，模拟水池，反复练习跳越水池的技巧。

（2）加速跑20米后，跳越标准水池。

4.障碍栏架与水池训练

（1）场地缩小，跨越1—2个障碍栏架及水池。

（2）200米距离，完成3个障碍栏架及水池的分段练习。

第三节　跳类项目科学训练

一、跳高技术及训练

（一）跳高运动基本技术

下面主要以背越式跳高为例分析跳高项目的基本技术动作。

1.助跑技术

在背越式跳高中，运动员普遍采用弧线助跑策略，整个助跑流程通常需要8—12个步来完成。助跑过程可明确划分为两个阶段，特别是后半段的4—6步，对最终成绩起着决定性作用。在弧线助跑时，运动员需逐步增加跑道的弯曲程度，前半段保持相对直线，以充分释放速度潜力，而后半段则需显著增大弯道弧度，为起跳创造有利条件。整个助跑期间，运动员需维持渐进式的加速，并保持良好的节奏。

第五章　田径运动科学训练探索

为了精准确定弧线助跑的步伐位置与行进路线，运动员常采用简便的"步行测量"技巧。首先，明确起跳点，随后从该点出发，沿横杆平行方向自然步行四步；接着，从起跳点垂直于横杆方向步行六步，并在此处做标记，此标记即为直线助跑与弧线助跑的分界标识。从分界标记继续前行七步，再次做标记，此标记即为助跑的起始位置。最后，从直线与弧线的交汇点至起跳点，绘制一条弧线，与先前的直线助跑部分相连，从而构成完整的背越式跳高弧线助跑路线（图5-6）。在绘制完成助跑路线后，运动员须通过反复练习，最终确定并熟悉这一助跑路线。

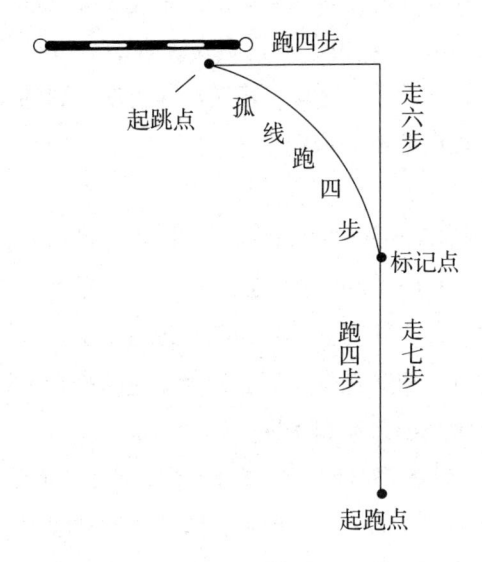

图5-6　背越式跳高弧线助跑路线

在背越式跳高项目中，助跑技术具有其特殊性，起初的直线加速跑与常规加速跑相似，但运动员必须在心理上准备好过渡到曲线助跑。进入曲线助跑时，身体应向圆心侧倾，采用类似弯道跑的技术，同时保持身体的重心平稳，减少不必要的上下起伏。在这个阶段，要特别强调抬高大腿，以膝盖领先，带动同侧髋关节积极向前推进。曲线助跑的尾声对于起跳的效果至关重要，它不仅显示了助跑的加速效果，也体现了节奏控制。在整个助跑过程中，应使用前脚掌着地，保持步伐的弹性和活力，这样的助跑技术对于背越式跳高的起跳非常有利。

2.助跑与起跳结合技术

跳高技术中，助跑与起跳结合是关键，关乎起跳精准度和跳跃效果。背越式跳高时，运动员从助跑最后几步，特别是弧线段起，需准备起跳，体现在速度提升和逼近起跳点上。最后几步需保持速度递增和动作稳定，上身前俯，摆动腿前探，落脚点近重心投影。倒数第二步，摆动腿着地需积极下压扒地，利用脚内侧支点前移重心。支撑垂直时，身体内收，膝最大弯曲。摆动腿蹬伸充分伸展踝关节，驱动身体前挺。离地时，屈膝约150°—160°，蹬伸幅度50°—60°，确保起跳敏捷，身体由内收转直立。强化连贯性需重视倒数第二步推进和摆动腿作用。资深教练用"坚实支撑"理念指导，强调摆动腿维持内收姿态至起跳，避免过早直立或偏向，主动蹬伸实现重心大幅前移，防臀部下沉和支撑疲软。运动员需精准执行摆动腿动作，确保助跑与起跳无缝对接，为起跳创造最佳条件。

3.起跳技术

背越式跳高精髓在于最大化垂直速度与恰当起跳角度，跨越横杆。起跳点与横杆垂直面相距60—100厘米。起跳时，脚跟着地速转全脚掌支撑，起跳腿屈曲，身体由微内倾转直立。在助跑的最后一步，步长会刻意缩短10—15厘米，这一设计旨在使起跳腿一侧的骨盆加速前移，超越身体其他部位的移动速度，为身体腾空创造有利条件。

如图5-7所示，起跳动作是一个复合动作，由起跳腿的屈曲与蹬伸，以及摆动腿的屈膝与摆动共同构成。起跳腿蹬伸，摆动腿屈膝前上摆，髋带大腿，小腿折叠。膝达水平速制动，推髋上摆。两臂与肩配合，肩上提，臂交叉摆向杆后上，助跃起与旋转。起跳需腿充分蹬伸，肩上提，髋显著提升。

图5-7 背越式跳高的起跳技术

4.过杆与落坑技术

在图5-8中,起跳过程巧妙结合了起跳腿的蹬力与摆动腿的摆动,促使身体以一种背向横杆的姿势腾空而起。当肩部即将跨越横杆之际,运动员顺势仰头并翻转肩部,借助惯性沿横杆运动,此刻,身体呈现出一道反弓弧线。随着髋部成功飞越横杆,运动员随即收腹含胸,利用髋部的强劲力量引领大腿上摆,同时小腿的摆动进一步助力身体远离横杆,最终以一种背部先行的姿态,轻柔地降落于海绵垫上。

鉴于背越式跳高这一技术动作的特殊性,即背部率先触地,因此,落地区域的设置显得尤为重要。为确保运动员的安全,该区域应铺设柔软的海绵垫、气垫、弹性橡皮网或是质地柔软的草垫,这些防护措施旨在有效缓解冲击力,将运动伤害的风险降至最低。

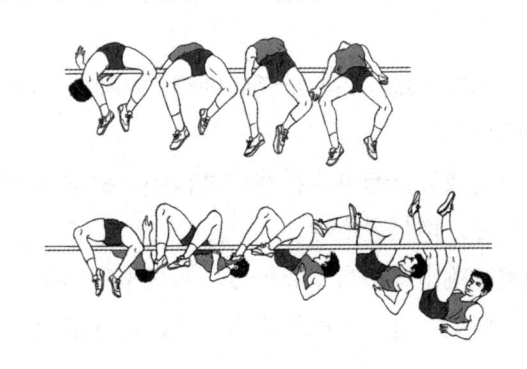

图5-8 背越式跳高过杆与落坑技术

(二)跳高技术训练方法

1.助跑技术训练

(1)曲线助跑适应性训练:通过多样化的弯道跑练习,如从直线平稳过渡到曲线,以及在不同半径的圆形和弧线跑道上训练,以增强运动员对曲线助跑的适应性和掌控力。

（2）助跑节奏加速训练：利用中距离助跑跳远或助跑摸高等方法，有效增强运动员的助跑节奏感和速度控制能力，确保在比赛中能够精准把握助跑节奏。

2. 跳跃过杆技术训练方案

（1）横杆体验训练：背对海绵垫进行起跳练习，体验空中挺髋、展体、过杆等关键肌肉动作；结合中距离助跑，反复在万能架上练习跳跃过杆。

（2）全程助跑横杆实战训练：以全程助跑横杆练习为核心，结合短距离横杆练习，同时穿插助跑摸高、助跑跳上高架等辅助训练，全面提升跳高技术能力。

3. 跳高技术综合强化

（1）站立起跳基础练习：强化运动员从静止状态迅速启动并起跳的能力。

（2）短距离助跑起跳摸高：通过短距离助跑，练习起跳后的摸高动作，增加跳跃高度。

（3）四步弧线助跑起跳：在四步弧线助跑的基础上，练习起跳动作，增强高助跑与起跳的协调性。

（4）移动中三步或五步起跳：在移动过程中，根据节奏调整步伐，进行三步或五步起跳练习，增强灵活性。

（5）全程助跑起跳坐高垫与实战练习：通过全程助跑起跳后坐高垫的练习，模拟真实比赛情境，进一步巩固跳高技术，提升运动表现。

二、跳远技术及训练

（一）跳远运动基本技术

现代跳远运动由助跑、起跳、腾空、落地四个技术环节构成，各环节紧密相连。

1.助跑技术

（1）启动：有"半蹲式"与"站立式"两种，前者利于精确性，后者动作轻松但对踏板精准度要求高。

（2）加速：分积极加速与渐进加速，前者迅速提升速度并保持高步频，后者逐步增加步长并加快步频，保持动作轻松自然，增强跳跃准确性。

（3）节奏：影响起跳力量与腾空角度，起跑速度每提升0.2米/秒或起跳扇形角度每增10°，需增加2%起跳力量。起跑速度利用效率越高，跳远能力越强。

（4）终止阶段：末尾6—8步至关重要，需维持速度并准备起跳。分减少步幅增步频与固定步幅提速两种，后者更受优秀运动员青睐，利于保持最大助跑速度，实现紧密衔接。

（5）助跑标记：帮助稳定步幅、形成良好节奏、增强踏板信心。新手适用，技术娴熟者可能因标记分散注意力。通常设两个标记，第一标记位于起跑线，第二标记位于起跳板前6—8步，须清晰可见且不干扰助跑。

2.起跳技术

起跳在跳跃运动中极为关键，旨在将助跑积累的水平速度转为空中速度，使身体跃起，达到更远的距离。起跳动作迅速且完整，分为三个阶段：

（1）踏板接触：助跑最后几步，摆动脚触地后，起跳脚准备踏板，上体直立或微后倾，双臂摆动，起跳脚全脚掌着地，摆动腿屈膝前摆。踏板瞬间，起跳腿伸展65°—70°，与重心投影点相距30—40厘米，重心位于支撑点后，利于水平转垂直速度，进入腾空阶段。

（2）支撑缓冲：踏板上后，起跳腿髋、膝、踝因惯性被动弯曲，全脚掌支撑保持平衡，身体前倾，摆动腿折叠向起跳腿靠拢，为起跳蹬摆做准备。

（3）蹬摆协同：踏板时，起跳腿及时蹬伸，身体前移，重心转移至支撑点，髋、膝、踝完全展开。摆动腿膝引领前上方摆动至大腿水平，双臂同步摆动，躯干伸直，头部前挺，完成蹬摆协同。起跳腿与地面夹角为70°—80°，四肢协调获理想腾空高度，保持平衡，加快起跳速度。完全蹬伸后迅速制动，提升腾空高度，保持平衡。

3.空中技术

（1）蹲踞式技术

蹲踞式技术要求运动员空中维持长时间的腾空，起跳腿与摆动腿并拢上提至膝靠近胸。控制躯干不前倾，落地前半米双腿近直，双臂下垂，小腿前探保持平稳。蹲踞式跳远中，保持上体与头部直立对维持平衡至关重要（图5-9）。

图5-9 蹲踞式跳远技术

（2）挺身式腾空技术

挺身式技术要求运动员在空中舒展身姿。起跳后，摆动腿大腿不宜抬得过高，小腿则以弧线轨迹向前、向下，再向后移动，同时双臂大幅度地向下、向后摆动，随后再向前挥动；起跳腿膝盖弯曲，与摆动腿靠拢，同时髋部展开，胸部和腰部挺直，形成完整的挺身状态。接近落地时，双臂后摆，躯干前倾，双腿迅速收腹上举，小腿前伸，为着陆做准备（图5-10）。此技术对运动员的身体协调性和平衡感提出了更高要求。

图5-10　挺身式腾空技术

（3）走步式腾空技术

走步式腾空技术是跳远中最复杂的空中动作技术，往往由顶尖运动员采用。起跳后做"腾空步"，摆动腿以髋为轴摆动，起跳腿以髋为中心上摆屈膝前伸，空中两腿交替。双臂与腿部紧密配合保稳定。完成步态转换后，摆动腿屈膝前摆靠近起跳腿，模拟半步行走，完成两步半（图5-11）。此技术要求有很强的协调性、平衡能力和空中四肢协同运动能力。

图5-11　走步式腾空技术

4.落地技术

（1）折叠落地法

当运动员在空中越过顶点后，他们将双腿向上、向前伸展，同时上半身弯曲，双臂从前方摆动至后方，准备着陆。使用蹲踞式或挺身式跳跃技术的运动员通常会选择这种折叠落地方式。

（2）滑坐落地法

运动员在空中达到最高点时即开始进行折叠，这样做并不会影响或改变他们的跳跃轨迹，直至最后将腿部和骨盆向前移动，上身略微后倾，着陆时仿佛坐在地面上，因此得名"滑坐落地法"。滑坐落地法相较于折叠落地法具有优势，因为其身体重心相对靠后，带来的好处远超折叠式落地法。研究显示，滑坐式着陆比折叠式着陆能多出20—30厘米的距离。

运动员应挑选合适的着陆方式，尽可能延长滞空时间，充分利用身体重心的前冲力，确保身体能够越过着陆点，避免受伤，安全着陆，并取得优异的跳远成绩。

（二）跳远技术训练方法

1. 加速技术练习

通过全程加速、冲刺、间歇性跑步、变速跑以及下坡后转为平地跑等手段，提升运动员的速度和节奏感，同时结合距离判断练习，帮助运动员精准地踩上起跳板。

2. 起跳技术练习

（1）步进式起跳练习：通过一、三、五步的连续助跑起跳，循环练习5—8轮，强化起跳动作的连贯性和节奏感。

（2）高台跳跃挑战：在4—6步的短距离助跑后，跃上高台，此练习旨在增强起跳的力量。

（3）负重起跳适应性训练：在4—10步的助跑中加入轻度负重，增强起跳时的下肢爆发力和整体协调性。

（4）全程助跑起跳整合练习：从短距离、中距离到全程助跑，逐步加入起跳动作，全面锻炼运动员的助跑与起跳综合能力。

3. 结合助跑与起跳的技术练习

（1）原地起跳模拟：专注于起跳动作的精确执行，提升对起跳瞬间的控制力。

（2）三步助跑起跳实战：通过连续的三步助跑后起跳，强化运动员在快速助跑中准确衔接起跳的能力。

（3）定向跳远专项训练：结合特定方向的跳远练习，不仅提升跳跃的远度和速度，还注重优化落地前的技术细节，如小腿的前伸动作。

4.空中腾跃技术练习

在空中技术的训练中，精准的时机把握与全身各部位的协调配合至关重要。教练需分阶段设计腾空技巧的练习方案，引导运动员逐步掌握正确的技术，确保每一个动作细节都能精准到位。通过这一系列训练，运动员将能够更加自信地展现其空中技术，提升整体跳跃表现。

第四节　投类项目科学训练

一、推铅球技术及训练

（一）推铅球运动基本技术

1.握球与持球（以右手为例）

（1）握球

采用五指自然分开的方式，将铅球放置在食指、中指及无名指的指根位置，而大拇指与小指则自然贴靠于铅球的两侧，确保球体稳固。五指分布形成半包围状，手腕顺势向后弯。若运动员手指与手掌力量不足，可选择将中间三指或全部五指适度并拢，以强化力量的集中与传递（图5-12）。

（2）持球

在稳固握球之后，需将铅球安放在右侧锁骨的外缘，紧贴在颈部的右侧，此时手掌面向身体内侧，其指向与身体维持平行状态。右臂需适度弯曲，从正面视角审视，右大臂与躯干之间形成的角度接近直角，当然，根据运动员的个人习惯，也可轻微下调右肘，使夹角略小于直角。而从侧面观察，右肘应当与身体保持在同一垂直面上，既不过于向前突出，也不向后退缩，以确保动作的规范与稳定（图5-13）。

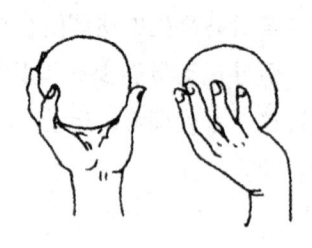

图5-12　握球　　　　　　　　　　图5-13　持球

2.预备动作

在准备投掷铅球时，需确保右脚尖正对投掷方向，身体重量均匀分布在右脚的全脚掌之上，右腿需保持挺直状态。左脚则应放置在右脚后方20—30厘米的位置，仅以脚尖轻点地面，左腿微屈，为身体提供必要的稳定性。颈部挺直，头部维持自然位置，目光锁定在前方数米处的地面。左臂应自然地向前上方或正前方伸出。这种预备姿势常被称为"横平竖直"，意指肩部和髋部的横向水平线需保持水平，而身体则维持垂直状态。预备动作主要细分为高姿与低姿两种形态。

（1）高姿预备

右脚尖指向投掷方向，身体重量均衡地落在右脚，右腿保持挺直。左脚则置于右脚后方20—30厘米处，仅以脚尖轻触地面，左腿微屈以稳固身体。身体挺拔，肩部和髋部的横向水平线与地面平行，且与投掷方向垂直。颈部挺直，头部保持中立，目光专注于前方几米远的地面。左臂自然向前上方或正前方伸展。

（2）低姿预备

背对投掷方向，站在投掷圈的后沿附近，双脚前后站立，右脚尖朝向投掷的反方向，右脚全脚掌着地。左脚则放置在右脚后方50—60厘米的位置，脚尖或脚掌前部接触地面。左臂向右前方伸展并内旋，双腿弯曲以降低身体重心，身体重量主要落在右腿上，眼睛注视前方，为投掷做好充分准备。

3.团身动作

在完成预备姿势之后，紧接着便是为滑步动作打基础的团身阶段。确保体态的正确与平衡对于执行团身动作至关重要。动作启动之际，身体缓缓向前倾斜，与此同时，左臂伴随身体的前倾而逐渐下落。在此过程中，左腿则向后上方优雅地抬起，直至其与身体构成一条流畅的直线，并达到一个适宜的高度。随后，右膝顺势弯曲，左腿回收，身体重心随之平稳降低，进入团身状态。

当团身动作达到完美状态时，会呈现出以下特征：右脚背依然坚定地指向投掷方向；身体重心巧妙地落在右脚的前半部分（右脚跟可根据个人习惯选择是否离地）；右膝根据个人腿部力量的不同，弯曲至一个恰当的角度（大约100°）；此时，右膝的前沿会优雅地超越右脚尖；左腿则位于右腿的后侧，左膝几乎贴近右小腿；左脚尖轻离地，肩髋连线平行于地面（或成特定角），背肌放松，左臂下垂或反向伸展，右臂维持原态，目光专注前方偏下（图5-14）。

图5-14 团身动作

4.滑步技术

滑步开始，运动员需维持重心平衡，左腿主导推进，小腿向抵趾板施力，左脚贴地滑行，脚背朝下。滑行近投掷圈四分之三时，左脚外翻，稳落抵趾板中间偏左，与投掷方向形成90°—100°夹角。左腿蹬出后，左脚至左肩成直线。右腿配合蹬伸，重心从右脚前掌移至脚后跟，类似滚动。右膝避免完全伸展，双腿大夹角，髋部充分展开，右小腿内收，右脚内扣稳落圆心附近，与投掷反方向夹角为20°—45°。左臂向投掷反方向摆动，拉伸肌肉，上半身稳定。

滑步完成后身体姿态：左脚与投掷方向夹角为90°—100°，外侧贴抵趾板中间偏左，左腿伸直紧张；右脚内旋20°—45°，脚跟离地，与左脚尖同一直线，横向距至少10厘米；右膝弯曲110°—130°，重心在右脚前掌；髋部、肩部横轴与地面平行，上体向投掷反方向伸展，躯干与地面夹角小于60°，左臂后下方伸展，右臂保持原态，面部正直，目光投向投掷圈后方下方。

保持重心平稳移动对初学者尤为重要，熟练者可尝试臀部向抵趾板后下方移动，提升滑步速度，减少重心起伏，提高投掷效果。

5.最后用力动作

最终用力动作需多部位协同，滑步完成时，右脚跟离地，右腿侧蹬，右膝水平前移，右小腿全力蹬伸。左脚着地后，左腿紧张，随重心前移，左膝微屈后伸直。上体从后伸展转为侧弓形，主要肌群拉长紧绷。动作分两阶段：右脚至左脚着地；双脚着地至侧弓。发力时注意：右脚前掌侧蹬，右膝水平移动，下肢动作迅速柔和，髋部前移转动，上体被动拉伸，视线向后转。

图5-15 滑步和最后用力动作

6.结束动作——维持身体平衡

铅球出手之后，由于向前的惯性力量，身体往往会继续向前移动，容易打破平衡状态。为了维持稳定，避免犯规或摔倒，在铅球离手的瞬间及之后，必须采取一系列精细的调整。一般而言，可以采取以下策略来应对。

首先，双腿需迅速而敏捷地变换步伐，以改变身体的移动轨迹。紧接着，降低身体重心成为关键，这有助于增强稳定性，减少因惯性带来的失衡感。然后，左腿要积极地向后移动，起到"刹车"和平衡的作用，确保身体不会因惯性而超出投掷区域，从而避免犯规，保持成绩的有效性。

这一系列动作要求运动员在铅球出手后，立即做出反应，通过双腿的快速转换、身体重心的降低以及左腿的后撤，共同协作，以维持身体的平衡状态，确保投掷动作的顺利完成。

（二）推铅球技术训练方法

1.转体抱头起

仰卧于山羊之上，双手环抱头部，双脚固定于肋木，以髋部为轴心，向两侧各转体90°后坐起。在练习时，务必保持双腿伸直，起身时双肘应尽量向外展开，头部也应随之上仰。

2.握棍卷重物

站立，双手紧握连接重物的木棍，握距与肩同宽，交替旋转木棍直至绳索卷完。在训练过程中，应逐渐增加重物的重量。

3.壶铃片蹬转摆动

紧握壶铃片，双臂在预备阶段充分展开，右脚用力蹬地并旋转，这一动作带动右髋部进行流畅的转动与伸展。随后，双臂协同将壶铃片高举过头，此时身体形成反弓姿态，重心稳固地落在右脚上，右脚呈弯曲且紧绷状态。在训练过程中，务必追求躯干的极致伸展，确保肩部与髋部之间形成紧密的扭转联动，以此提升训练效果。

二、掷铁饼技术及训练

（一）掷铁饼运动基本技术

1. 握持铁饼的方式

在握持铁饼之际，首先需让五指自然舒展，随后拇指与手掌紧密贴合铁饼表面，其余四指亦自然张开，利用指尖的细微部分轻轻勾住铁饼边缘。为确保铁饼稳固不滑落，手腕需保持轻微弯曲的姿态。一旦铁饼紧握在手，投掷臂应呈现自然下垂且放松的状态，悬挂于身体一侧（图5-16）。在此过程中，力度的掌握至关重要，既不可过分用力紧握，亦不可过于松懈，以便在挥动铁饼时能发挥最佳效果。

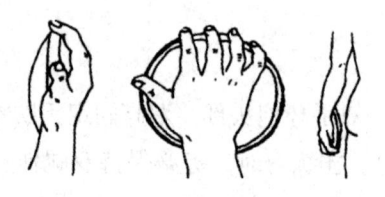

图5-16　握持铁饼的方式

2. 起始站姿与预备动作

（1）起始站姿

当前，多数运动员倾向于采用背向旋转的铁饼投掷技巧。标准的起始站姿应为：背对投掷方向，双脚分开宽度与肩相当，站立于投掷圈的后边缘，左脚尖轻微外展，以便于后续的旋转动作，持铁饼的手臂则自然下垂，保持放松状态，悬于身体一侧。

（2）预备动作

铁饼投掷的预备动作旨在为接下来的旋转环节奠定坚实基础，并充分调动肌肉至最佳活动状态。预备动作主要包括两种类型：一是向左上方及向右后方摆动，二是身体前后的左右摆动。无论选择哪种预备动作，最终都将以一个"制动"动作作为旋转动作的起始标志。

左上方及右后方摆动：起始站姿后，预备动作开始。持饼臂自然摆动，身体重心左右移。铁饼摆至身后，重心偏右腿，右腿蹬地，重心转左腿，投掷臂带铁饼左上方摆至前额左，左手轻托防滑。随后，投掷臂放松向右后摆，重心转右腿，上身右转，右腿微屈，左臂胸前弯曲。头部随上身转，双眼平视。摆动至最高点（约右肩高）为制动点（图5-17）。此预备动作简单易学，适合初学者。

图5-17 预备动作

3.旋转技术

根据数据分析，采用站立投掷与旋转投掷两种方式所达到的距离差异可高达8—12米，凸显旋转动作的重要性。

左上方及右后方摆动：起始后，预备动作起。持饼臂摆动，重心左右移。铁饼身后摆，重心右移，右腿蹬转左腿，投掷臂带铁饼左摆至前额左，左手下托防滑。投掷臂右后摆，重心右移，上身右转，右腿微曲，左臂胸前弯。头部随转，双眼平视。最高点（约右肩高）为制动点。此动作易学，适合初学者。

与此同时，右腿大腿引领小腿，以弧形轨迹绕过左腿，仿佛在地面上绘制出一道优美的弧线（右腿内侧微扣），右腿以一种近乎贴地的姿态向投掷方向大步迈进，整个身体宛如一张巨大的扇形，以左侧为轴心进行华丽的旋转。当身体重心掠过左腿时，左脚发力蹬地，推动身体向投掷圈的圆心优雅地移动。在旋转的每一个瞬间，投掷臂与右肩始终保持放松，它们如同蓄势待发的弓箭，静静地留在旋转身体的后方，右侧肌肉被拉长，形成了一种身体超越铁饼的蓄势状态。

掷铁饼的旋转动作，实质上是左腿蹬转与右腿及右髋内扣旋转的完美结合。在旋转过程中的短暂腾空阶段，髋与腿的动作需先于手臂，以创造出髋轴超越肩轴的超越器械动作，这是投掷动作中至关重要的一环。

旋转动作结束时，右腿以前脚掌着地，稳稳地落在圆心附近，形成了一个几乎难以察觉的、以右脚为轴的单腿支撑瞬间。但身体的旋转并未因此停歇，它继续以右脚为轴心优雅地旋转，紧接着，左脚以内侧着地，稳稳地支撑起身体，为接下来的最后用力投掷动作做好充分准备。

4.最后用力

铁饼投掷的精髓在于最后用力动作，这是整个投掷过程中的核心技术环节。旋转动作完成后，调整至一个既精确又适宜的体态以蓄势待发，这是至关重要的，它要求在右脚触地后，旋转动作仍需持续进行微妙的调整。一旦旋转动作圆满结束，左脚触地的瞬间便需即刻转化为坚实的支撑，无缝衔接至最后发力的释放阶段。

此时，右脚在旋转的惯性中顺势向投掷方向蹬出，这一动作犹如一股强大的推动力，引领着紧握铁饼的投掷臂进行大幅度的摆动。左腿则扮演着稳定支撑的角色，它使身体右侧围绕左侧的轴心旋转，进而完成由胸部引领、手臂顺势向前的甩臂动作。在这个过程中，全身的力量仿佛被一股无形的纽带汇聚于铁饼之上，极大地提升了出手的速度、力度以及飞行的距离，同时，身体被维持在较高的位置，为铁饼的最终出手创造了一个极为有利的条件。

当身体的重心达到一个高位，且铁饼恰好与右肩处于同一水平线上时，右手的食指会以一种微妙而精准的方式轻触铁饼，引导其顺时针旋转约35°，随后，铁饼便在这股汇聚了全身力量的爆发中被有力地投出（图5-18）。

第五章 田径运动科学训练探索

图5-18 最后发力

5.结束动作

在掷铁饼的最终结束阶段，当铁饼即将离手的那一刻，运动员需运用右手的小指开始，依次经过无名指、中指，直至食指，以细腻的手法拨动铁饼，确保其以顺时针方向旋转升空。铁饼一旦出手，运动员须立即调整双腿的位置，迅速降低身体重心，紧接着进行一个向左方向的转身动作，这一系列动作旨在维持身体的稳定与平衡，有效避免犯规或失去平衡而摔倒的风险。

（二）掷铁饼技术训练方法

1.器械类训练的操控

（1）摆动饼的操控练习：采用前后分立的站姿，左脚前置，投掷臂放松下垂。随后，以肩部为旋转中心，让铁饼在身体两侧进行前后摆动，逐渐加大摆动范围，深入体会摆动过程中的力量流转。

（2）翻滚饼的精准操控：保持左脚在前、膝盖微弯的站姿，双脚分开以维持稳定。身体微微前倾，投掷臂自然下垂。在肩部为轴心的引导下，铁饼在身体两侧前后摆动。当铁饼摆动至极限位置时，利用从小指至食指的逐一拨动，使铁饼从食指尖端以优美弧线飞出，练习时注重铁饼的直线滚动，深刻体验释放瞬间的力度控制。

（3）旋转投掷沙袋与小皮球的专项训练：在进行旋转投掷时，务必确保双肩在同一水平面上，投掷方向需保持高度一致性，以此提升投掷的精准度和稳定性。

（4）双脚跳起、垂直抛饼的高阶训练：要求运动员在双脚跳起的同时，将铁饼以垂直于地面的方式抛出，并确保铁饼在空中保持快速自转。这一训练旨在锻炼运动员的爆发力与空间感知能力。

2.技术分解训练

（1）肌肉感知深化训练

在进行单项动作练习时，需细致感受特定肌肉群的发力情况，并思考其在组合动作中的整合应用；在相同训练项目中，需全面观察多个肌肉群的协同作业（包括肌肉位置、结构以及动作时序的和谐统一）；而在不同训练项目中，则需聚焦同一肌肉群在不同情境下的独特感受。总而言之，要确保在各种情境下对已掌握的肌肉感受进行强化和精进，以充分发挥其效能。这一训练原则需被反复实践并内化于心。

（2）背向投掷动作精进

站立于投掷方向的反面，左腿承担支撑角色，右腿抬起，右手紧握铁饼置于左肩旁，左手辅助稳住铁饼。随后，原地跳跃至背向投掷姿态，利用右腿的蹬地力量与髋部的旋转动作将铁饼掷出（或进行无器械模拟）。要求右腿蹬地旋转有力且积极，投掷臂保持放松。

（3）铁饼投掷技巧提升

在身体前方与后方进行铁饼投掷的放松练习，利用身体整体的动量带动投掷臂将铁饼"甩"出。要求铁饼在空中飞行时保持重心平稳，自转速度迅捷；同时，也可进行旋转投掷不同器械或铁饼的练习，强调在旋转过程中保持身体重心稳定，双肩维持在同一水平面上。

（4）正面投掷技巧强化

双脚与肩同宽，膝微屈，原地投铁饼。髋敏捷有力，投掷臂放松，"甩"饼出手，轨迹合理。或双脚前后站，左脚前右脚后，正面投。左腿制动支撑与出手配合，右脚不离地或少离地。徒手旋转时，左脚蹬转与右腿内转同步，左腿靠拢下压，落地果断。

第五章 田径运动科学训练探索

（5）旋转投掷综合训练

旋转投掷训练包括旋转投掷沙袋、铁饼等练习。在训练过程中，需要右脚着地并持续蹬转，同时将沙袋投出，然后投掷臂要完全放松。进行沿身体左侧轴心的原地转体练习时，应将重心完全压在左腿上，左脚前掌和左膝积极外旋；在进行徒手练习时，左脚离地和右腿内转下压的动作要同时进行；在进行背向旋转掷铁饼时，动作需流畅、连贯且腾空时间要短，右脚着地后要立即继续蹬转；在进行连续旋转投掷铁饼时，右腿动作要迅速。

3.综合技术精进训练

综合技术精进训练是在熟练掌握分解技术之后，迈向更高阶段的技术整合训练。此训练应自训练初期纳入日程，随着各项单项技术的逐步精进，综合技术亦将随之提升，进而形成独特的个人技术风貌。

（1）旋转与终极释放动作的衔接

在正面旋转投掷铁饼的练习中，着重追求旋转与终极释放动作的迅速且无缝衔接，同时确保终极释放动作的技术标准无懈可击。须全力以赴，旨在达成正面旋转投掷铁饼的既定成绩指标；而在背向旋转投掷铁饼的练习中，则要求旋转节奏鲜明，速度迅猛，铁饼的飞行轨迹须呈现出完美弧线。

（2）综合技术体验与精进

通过反复进行掷铁饼（或其他相关器械）的综合技术训练，深入体验从握饼、准备姿态、预摆动作，到旋转动作以及终极释放的完整动作链条。在训练初期，动作的衔接可从慢速开始，逐步加速，以期在细心体悟中逐步精进，实现技术动作的流畅与高效。

第六章 球类运动训练研究

　　球类项目是当今竞技体育中发展最为成熟的运动项目，也是高校体育教学中最受学生欢迎的运动项目。本章选择几个比较重要的大球和小球项目，深入分析其科学原理和具体的训练方法。

第一节　球类运动训练的科学原理

一、球类运动训练的生理学基础

（一）球类运动训练对皮肤的影响

皮肤是人体的一个重要器官，是其中不可或缺的组成部分，扮演着多重关键角色：它如同忠诚的卫士，守护着内脏免受外界侵扰；又如同精细的调节器，维持着体温平衡，参与代谢活动，并排除体内废物；它还是敏锐的感知者，能够察觉到温度、压力及疼痛等外界信号，并在此过程中助力肌肤自身的生长与修复。

参与球类运动对皮肤健康具有一定的促进作用。首先是体温调节功能的优化。球类运动较为剧烈，且一般都会持续半小时以上，这会使人体保持在高于静息体温的水平上，而体温提升能使神经系统更具活力，加速肌肉的收缩反应及血液流速，促进单位时间内血流量的增加。长期坚持球类运动还能改善机体的产热和散热机制，使机体更好地适应不同季节的温度变化。其次，球类运动能够动员全身组织，随着时间的推移，机体大量地排汗有助于促进皮肤的新陈代谢。

（二）球类运动训练对神经系统的影响

人体的内部运作由神经系统发挥着核心主导作用，它直接或间接地调节并控制着所有器官和系统的功能。投身于球类运动训练，对于优化神经系统的功能具有显著的正面效应。坚持规律性的球类运动训练，不仅能有效提升大脑神经细胞的运作效能，还能大幅度改善个体的反应速度、精准度和动作协调性。

不仅如此，球类运动训练在增强体质方面也展现出了积极的影响。规律性地参与球类运动训练，有助于促进肌肉的健康发展，这是因为运动能够增加肌肉中肌红蛋白的含量，进而提升身体的氧气储存能力。

（三）球类运动训练对运动系统的影响

人体的运动机制是进行日常活动、劳作及体育运动的基石，这一机制在中枢神经系统的精密调控下得以高效运作。参与球类运动不仅是在这一调控下进行，它还能反过来强化神经系统的效能，提升其调控的敏锐度和精确度。投身球类运动训练，对骨骼的生长发育及功能提升大有裨益。骨骼，作为人体中最坚硬且富有弹性的构造，承担着支撑身体的关键角色。规律的球类运动训练能够促使骨骼密度增加，使骨骼更加粗壮；同时，它还能使骨骼上的韧带附着点，诸如结节、粗隆及突起等变得更为粗糙，为肌肉和韧带的稳固附着提供更有力的支撑，从而增强骨骼的抗弯、抗折及耐压能力。

（四）球类运动训练对心血管系统的影响

心血管系统与呼吸、消化、泌尿等系统紧密相连，其主要功能是维持血液在血管内的持续循环。血液循环的持续流动，作为新陈代谢顺畅进行与生命活动平稳维持的核心，凸显了心血管系统无可替代的重要性。心脏凭借其规律性的跳动，源源不断地为血液循环注入动力，发挥着无可比拟的生理作用。

定期进行科学的球类运动训练，增强心脏功能的效果显著，主要体现在以下几个关键方面：

第一，球类运动训练能够优化心脏的结构和功能表现。长期进行球类训练的人，他们的心肌纤维更加粗壮，心容量更大，以及心脏的收缩力会增强。

第二，球类运动训练对心搏频率及心输出量的提升与增加亦有着显著作用。对于经常参与球类运动训练的大学生而言，在经历高强度运动时，其心跳速率会显著增加，每搏输出量及每分钟输出量亦随之大幅增加。这些积极的生理效应，正是长期进行运动训练的直接成果。

第六章 球类运动训练研究

第三，球类运动训练还能够显著增加血管的弹性。血管，作为血液流动的管道，其重要性不言而喻。血液循环的高效进行，既需要心脏提供强劲的动力，也离不开血管所构成的畅通无阻的循环路径。通过球类运动训练，血管的弹性得以显著增加，为血液的顺畅流动提供了更加有力的保障。定期坚持球类运动训练还可以改善中枢神经系统，进而促进血液循环和动脉血管弹性增加，降低小动脉的紧张度，从而减小血流的外周阻力。这有助于提高整体血液循环效率，进一步促进身体健康。

心脏和血管相关疾病，例如高血压和心脏病，成为人类健康的重要威胁。参与球类运动是降低这些疾病风险和改善病情的有效手段。这种运动通过影响大脑皮层，能够调整控制血管张力的神经系统，使其更加稳定，这有助于血压的降低，进而预防或治疗高血压。

心脏病是普遍存在的慢性疾病，其潜在的风险因素包括体重过重、血压高和血脂异常。通过系统化的球类运动训练，可以加速身体的新陈代谢过程，促进脂肪的分解，预防血栓的形成。

当然，再好的运动也应遵循"适度性"和"科学性"。如果运动方式不当，不仅可能无法实现预防或治疗心脏和血管疾病的目标，反而可能对健康造成负面影响。

（五）球类运动训练对消化系统的影响

消化机制的运行离不开神经与体液系统的精密调节，且全程均置于大脑皮层的严密监控之下。在消化这一系列复杂活动中，大脑皮层的重要性不容忽视。为保持生命活动的平稳进行，新陈代谢的顺畅不可或缺，而消化系统正是通过分解食物、汲取养分及排除废物，来确保新陈代谢的有序进行。

定期参与球类运动对于提高消化系统的运作效率具有显著好处。一方面，合理的球类活动能够加速身体的代谢速率，促使大量能量的消耗，这反过来又会促使消化器官提升它们的活动水平，确保身体所需的营养物质能被有效吸收和利用；另一方面，科学的球类运动能够积极增强大脑皮层及整个神经系统的功能，大学生在参与球类活动时不仅能够体验到身心的愉悦，而且运动后的植物神经系统会得到优化，进而在神经与体液的协同作用下，无论是物理性的机械消化还是化学性的酶解消化，都会得到明显的加强。

鉴于消化系统疾病对人类健康的威胁，有效预防和治疗这些疾病显得尤为重要。而科学的球类运动训练正是一种对抗消化系统疾病的利器。在球类活动中，积极的心理状态能够有助于减轻焦虑和压力。

二、球类运动训练的心理学基础

（一）球类运动训练与心理健康

1.情绪对健康的影响

情绪对健康的影响可划分为两种情况：

一方面，正面或愉悦的情绪如同生命的活力源泉，对生理机能产生积极影响，能够激发个体的潜能，提高身心工作的效率，为健康护航。它们如同温暖的阳光，滋养着身心，让人在生活的舞台上更加自信与活力满满。

另一方面，负面情绪或不悦情感虽作为适应环境的一种自然反应存在，但若过度或持久，则可能引发心理失衡，扰乱神经系统的和谐，进而对身体健康构成威胁。临床实例与研究指出，心脏病患者情绪紧张时，可能会出现心律异常，极端情况下甚至危及生命。动物实验亦佐证了情绪与疾病之间的联系，揭示了情绪在疾病发展中的角色地位。情绪致病的深层次机制表明，下丘脑作为情绪调控的核心区域，其功能的异常往往是心身疾病发生的关键。

2.球类运动与情绪调节

针对情绪相关问题，参与球类运动训练被视为一种有效的预防与治疗策略。科学的球类运动不仅能促进脑内啡肽的分泌，通过激活下丘脑，带来愉悦的情绪体验，展现了其对情绪的积极调节作用，这是大学生情绪管理的有效手段。更重要的是，球类运动训练能够显著提升个体的情绪调节能力，增强人们对环境变化的适应性，使人们在面对生活的种种挑战时，能够更加从容不迫，以更加坚韧的意志迎接未来。

长期且科学地参与球类运动,对增强大学生的人际交往技能有着显著作用,它教会大学生如何在团队中协作,如何更好地适应周围环境,并培养出一种难能可贵的团队精神。此外,科学合理的球类运动对于维护心理健康、预防身心疾病同样具有不可忽视的正面效果。它不仅能够增加大学生的心理韧性,还能有效缓解压力,预防因长期压力累积而引发的各种身心问题。

(二)球类运动训练的动机

1.引起动机的基本条件

动机激发的两大基石可归结为内在需求与外部诱因。内在需求,作为动机生成的内在驱动力,源自个体内部对于某种缺失或不足的感受,这种感受引发了一种迫切的状态与不适感,进而催生出行动的愿望与力量,成为动机形成的核心要素。简而言之,动机的内核正是由这些内在需求构筑而成。

同时,外部诱因则是动机被触发的另一关键因素。它涵盖了广泛的环境刺激,无论是自然界的生物性因素,还是复杂多变的社会性因素,均属其范畴。这些外部因素如同一双双无形的手,对个体的动机产生了深远影响,成为动机产生的外部催化剂。外部诱因通过作用于个体的感官与认知,激发其行动意愿,从而在动机的形成过程中扮演着不可或缺的角色。

2.动机的种类和需要的层次

动机的划分方式众多,一般最常见的有匮乏性动机与成长性动机两种。匮乏性动机主要源于养育或成长中的匮乏体验,于是个体的动机主要为了弥补长久以来的匮乏,其特点表现为消除不足、对抗破坏、规避威胁及危险等。一般的匮乏性动机都是为了满足生存与安全这些基本需求,一旦这些基本需求得到满足,该动机的强度便会显著降低。与之形成鲜明对比的是成长性动机,它呈现出积极的态势,以追求体验乐趣、获得满足与理解、探索新知、追求新奇为特点。这一动机驱动着个体不断追求新的刺激与体验,一旦相关需求得到满足,其动机非但不会减弱,反而可能进一步增强。

3.球类训练动机的培养与激发

在高校学生参与球类运动训练中,动机扮演着至关重要的引领角色。故而,我们应当致力于培养学生的训练动机,点燃他们对球类运动的热情。至于如何有效培养和激发这种动机，以下是一些主要策略。

（1）构建明确且适宜的目标体系是培养训练动机的关键所在

一个精准而有效的目标，如同灯塔般指引个体动机的方向，并增强其动力，促使个体集中精力、高效行动。反之，若目标设定不当，不切实际，则可能事倍功半，甚至产生反作用。在设定目标时，需兼顾以下几点：

第一，将短期任务与长期愿景紧密结合，力求实现效果最大化。比如短期目标是培养学生球类运动的基本技能，但是基本技能的训练往往是枯燥乏味的，因此需要与长期愿望相结合，比如掌握某一具有挑战性的技能，如篮球的三分球命中率，或者足球的远射进球，或者在某项比赛中获得较理想的名次等。

第二，将长远目标进行分解，使其变为一个个可实现的小目标。由于球类项目丰富，而且每一个项目都具有自身复杂而独特的技术。要想掌握一项球类运动技能，一般都需要从一个个小目标开始。

第三，确保难度适中，最好是处于最近发展区附近，目标既不太过艰难也不失挑战性，以免削弱个体动机。

第四，将目标与成果公开化，让每个人都能够清晰地看到，通过不断将当前表现与目标进行对比，可以适时调整目标并进一步增强动机。比如，大学生在校内运动会的乒乓球比赛中获得冠军，这对于获胜者而言是一个强有力的激励，可能会激发他进一步训练的动机，并希望下一次在校级联赛中获得冠军。这就是成果公开化对个体动机激发的最显著例子。

（2）通过精准满足需求激发内在动力

激发大学生参与运动健身的内在动力，关键在于精准满足他们的需求。对于高校学生群体而言，他们对体育运动的追求主要聚焦两大方面：追求运动带来的乐趣以及追求身体健康。球类运动以其独特的挑战性和趣味性，成为满足大学生乐趣需求的绝佳选择。为了有效激发大学生参与球类运动的热情，指导者需灵活调整策略，结合个人特点与环境条件，让球类运动充满吸引力和乐趣。

同时，确保运动方法科学严谨，定期评估运动效果，是强化球类运动健身价值的关键。只有当大学生亲眼见证球类运动在促进身体健康方面的显著成效，他们参与运动的动机才会得到进一步增强。因此，科学指导与定期评

第六章 球类运动训练研究

估相结合，是激励大学生积极参与球类运动锻炼的重要策略。

（3）借助差异性培养动机

鉴于大学生在性格特质、需求偏好及健康状况上的差异性，培养与激发他们参与球类运动的动机需深入考虑这些个体差异，实施个性化教学策略。在激发大学生通过球类运动锻炼身体的动机时，并不存在一种"放之四海而皆准"的通用方法。唯有立足实际、因人而异、灵活应对，细致分析每个学生的具体情况，才能获得理想的效果。

（三）球类运动训练对心理健康的积极影响

1.有助于学生心理健康发展

球类运动训练在促进大学生心理健康方面发挥着重要作用。长期且科学合理地参与球类运动训练，如乒乓球训练，不仅能够有效提升大学生的心理健康水平，还能显著消除他们的焦虑情绪。乒乓球等球类运动要求高度的专注力和反应速度，这有助于锻炼大学生的心理素质，增强他们的自我管理能力。

同时，球类运动中的团队合作和竞技对抗，能够激发大学生的积极情感反应，培养他们的团队合作精神和竞争意识。这些经历有助于大学生在面对生活和学习中的挑战时，保持更加积极的心态和应对能力。因此，球类运动训练是大学生心理健康发展的重要助力。

2.有效地预防和解决心理问题

球类运动的对抗性和娱乐性，对于大学生的身心健康具有明显益处。特别是那些正遭受心理创伤或长期被某些心理问题困扰的大学生，通过参与球类运动能很好地改善他们的心理状态。

球类运动能够积极影响并塑造学生的性格与气质，比如羽毛球、网球、乒乓球等个人项目为主的球类运动，能够让学生保持高昂的斗志，并训练他们的反应能力或者应变能力，这对提升其生活斗志和自信心具有明显的积极作用。

球类运动在缓解抑郁与焦虑情绪方面展现出显著的正面作用。比如像足球、篮球等团体项目，通过参加团队训练，与队友保持默契配合，奋力争夺优势击败对手，能缓解学生的焦虑和抑郁。因为无论是焦虑还是抑郁，都与缺乏社会支持具有一定的关系。通过规律地参加集体球类运动，那些具有心理问题的大学生都能获得不同程度的疗愈。尤其是当练习持续10周以上时，焦虑的缓解效果更为显著。此外，当球类运动与心理治疗方法相结合时，其治疗抑郁的效果相较于单纯运动更为显著。

第二节　大球运动训练

一、篮球运动训练

（一）篮球运动技术训练

1.移动技术训练方法

（1）半场摆脱交叉切入跑

每组两名队员。队员①给策应队员○传球后，①与②向篮下交叉切入，○给其中任意一名队员传球，切入队员上篮可分球，之后两名队员互换位置排到队尾（图6-1）。

在后卫和前锋位置也可进行交叉切入练习（图6-2）。

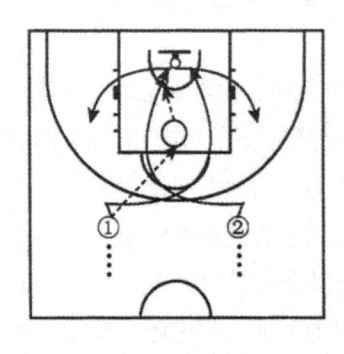

图6-1　半场摆脱交叉切入跑　　　　图6-2　后卫和前锋位置交叉切入跑

注意事项：传球后立即摆脱，然后快速起动。

（2）人字形滑步、撤步练习

所有参与练习的队员排成两行，相邻队员左右间隔3—4米的距离，前后间隔大约5米的距离（图6-3）。队员两脚前后开立，先前滑步2—3步，前脚撤向后面，然后侧后滑步2—3步，急停，另一脚分别做前滑步、后撤步、侧滑步的练习（图6-4）。左右脚都完成练习才是一组完整的练习，连续练习5—10组后休息。

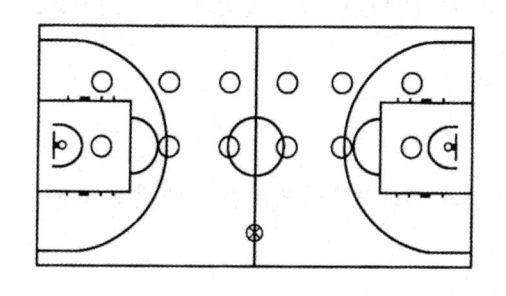

图6-3　人字形滑步　　　　　　图6-4　撤步练习

注意事项：

第一，快速变换各种步法，滑步频率要快，重心要平稳。

第二，向侧后方撤步，而非向正后方撤步。

第三，上肢配合下肢摆动。

（3）防守步法的综合练习

队员保持基本站姿，观察⊗的手势，然后向不同方向滑步，每组练习1分钟，两组之间有30秒休息时间（图6-5）。

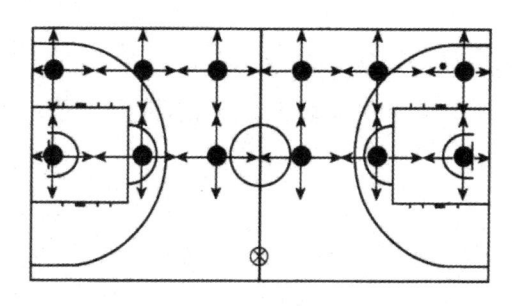

图6-5　防守步法

注意事项：

第一，根据教练员的手势变换滑步的方法。

第二，避免重心起伏，上下肢要协调配合好。

2.运球技术训练方法

（1）全场一攻四守运球突破练习

❶、❷、❸、❹的防守位置如图6-6所示，其他队员在端线外持球站立。①运球突破❶、❷的第一道防线，然后再突破❸、❹的第二道防线，突破后迅速上篮。①过中线后，后面的队员进场练习，依次进行。完成若干练习后，攻守队员互换角色继续练习。

注意事项：

第一，防守者不能过中线。

第二，进攻者用假动作迷惑对方，在与防守方接近时伺机加快速度突然突破。

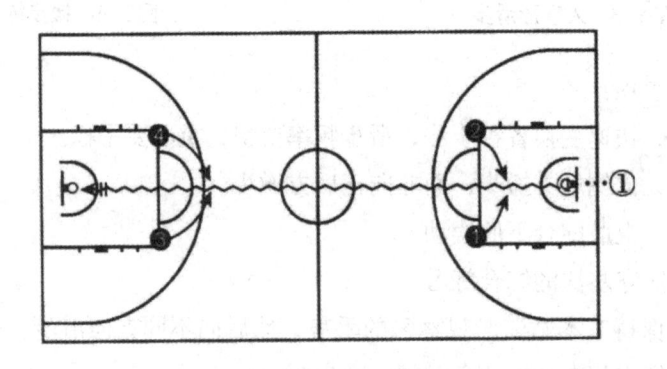

图6-6　一攻四守运球突破

（2）行进间接球转身运球突破的练习

如图6-7所示，①拉开边线接球，运用前转身或后转身运球突破的方法突破❶的防守。

第六章 球类运动训练研究

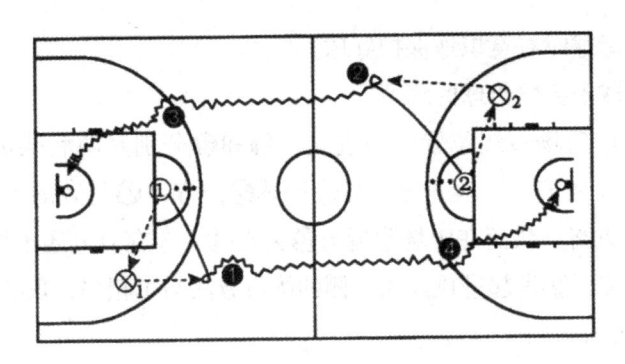

图6-7 行进间接球转身运球突破

注意事项：

第一，选择前转身或后转身方法时要以防守队员的位置为依据。

第二，转身放球时肩部要有意识地护球。

（3）全场一攻一运球加传球后摆脱的练习

每两名队员一组共用一球，一人进攻一人防守。进攻队员①从端线运球，❶防守①，①给中圈附近的⊗₁传球后，摆脱防守接回传球，然后运球向前场行进，过中线后给在弧顶附近的⊗₂传球，摆脱防守接回传球，然后继续进攻。上一组的进攻队员过中线后，下一组再进场按同样的方法练习。攻守方交换位置练习（图6-8）。

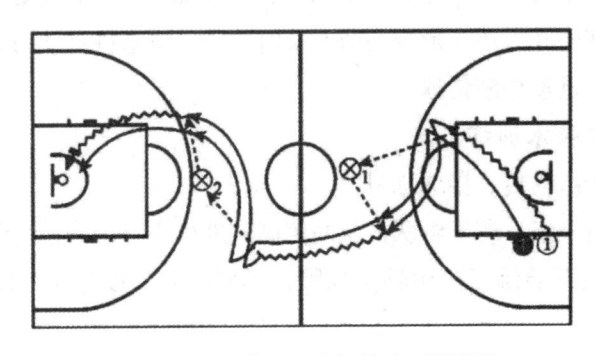

图6-8 全场一攻一运球加传球后摆脱练习

注意事项：

第一，运球时对防守方以及队友的情况进行观察，伺机传、接球。

第二，运球时有意识地保护好球。

（4）运球中突然传球的练习

①和②在后场边线位置组织进攻，❶和❷分别对两名队员进行防守。其他队员两人一组，一攻一守。如③运球❸防守，❷将③的中路堵上，迫使③运球到边路，从而在中场附近与❷夹击③，③在对方还未形成夹击时，突然给②传球，②发起进攻。④一侧的练习方法与①相同，攻守方互换位置练习（图6-9）。

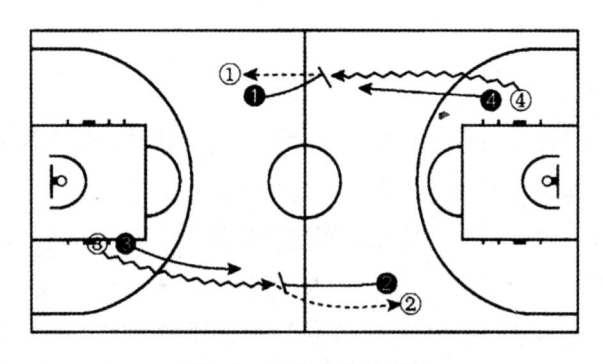

图6-9 运球中突然传球

注意事项：

第一，运球时对防守方的意图和方法加以观察，灵活应变。

第二，在防守方还未形成夹防时及时传球。注意将自己的意图和传球目标隐蔽起来，迅速果断传球。

3.传接球技术训练方法

（1）直线跑动传、接球练习

两名队员一组，若干组队员从两侧同时进行练习，下一组队员在上一组队员过中线后开始练习。中轴是界限，不要越界，以免相互发生碰撞（图6-10）。

第六章 球类运动训练研究

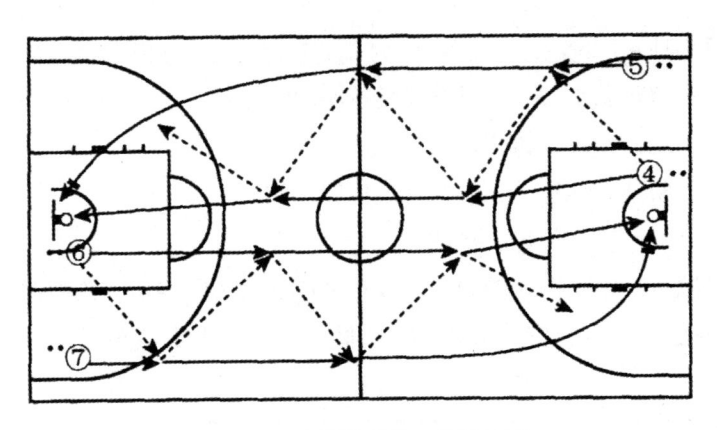

图6-10 直线跑动传、接球练习

注意事项：

第一，传球要到位。

第二，传、接球时要以最快跑速完成。

第三，每组传5次或3次球，不允许运球，投篮后不要使球落地。

（2）三人传球两人防守练习

五名队员为一组，三名队员传球，两名队员防守。将所有队员分成三组，三组队员分别在三个跳球圈中同时练习。传球队员在传球时，如果被防守队员的手碰到球，则该传球队员在防守位置防守，防守队员成为传球队员（图6-11）。

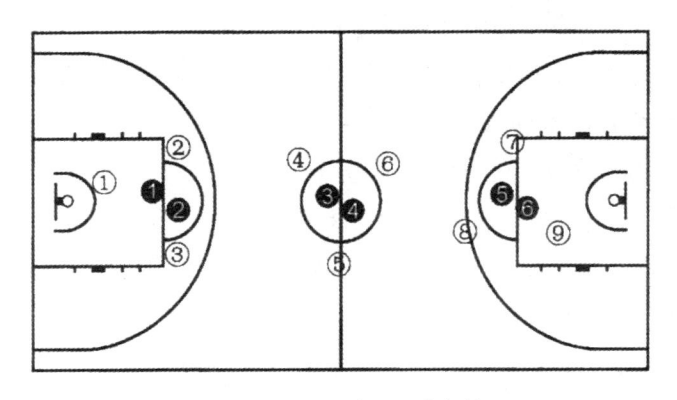

图6-11 三人传球两人防守练习

注意事项：

第一，传球队员必须一脚踩住跳球圈的线。

第二，用假动作伺机传球。

第三，隐蔽传球意图，快速完成传球动作。

（3）全场二对二的传、接球练习

四名队员一组，两攻两守。进攻队员传球后摆脱空切，或做摆脱斜插接球，将球推进到对侧上篮，返回时进攻队员与防守队员交换位置（图6-12）。

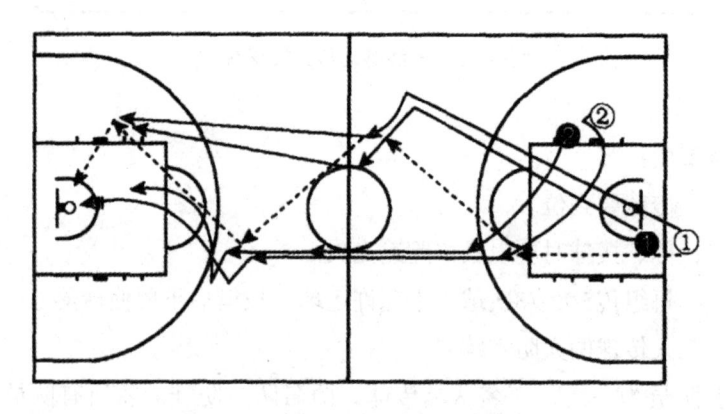

图6-12　全场二对二的传、接球练习

注意事项：

第一，增加传、接球难度，不允许接球后运球。

第二，要快速起动以完成摆脱接球。

第三，进攻队员运用假动作迷惑防守方，相互要做好配合。

4.持球突破技术训练方法

（1）移动接球跨步急停后撤步接后转身突破

①在移动中接⊗传来的球，面对篮跨步急停（图6-13）。❶紧逼防守①并积极抢球，①前脚后撤步，转身突破上篮，外线队员按同样的方法轮流练习（图6-14）。

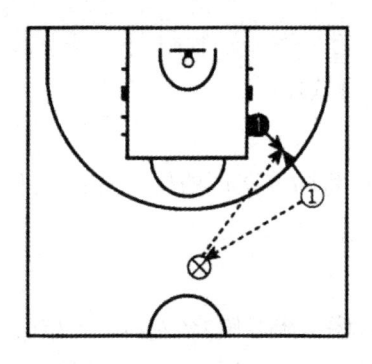

图6-13 移动接球跨步急停　　　图6-14 后撤步接后转身突破

注意事项：

第一，突破上篮时不要走步。

第二，后转身时紧贴防守队员，阻碍对方移动。

第三，保护好球。

（2）运球中后转身突破上篮

外线队员每人持一球在①的位置站立。①接⊗传来的球后，试图运球超越防守队员❶，①用假动作迫使❶在自己右侧防守，然后迅速向后转身突破上篮（图6-15）。

①接球后从左侧运球，以右脚为轴向后转身突破上篮的练习如图6-16所示。

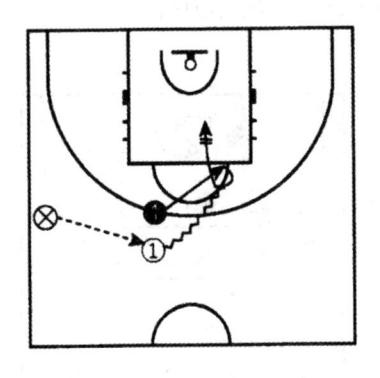

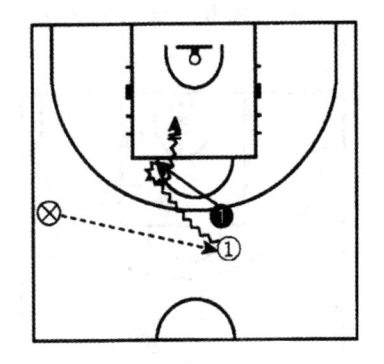

图6-15 运球中后转身突破上篮练习一　　　图6-16 运球中后转身突破上篮练习二

注意事项：

第一，根据防守情况对突破时机和方法进行选择。

第二，避免突破时走步。

第三，后转身时，与防守队员紧贴，身体将防守队员挡住，使其无法移动。

（3）突破补防练习

防守队员❶与❷、❸前后相隔2.5米左右，❷、❸相隔2米左右。①接○×的回传球突破❶的防守和其他两名对手队员的补防上篮，然后抢篮板球，完成练习后排到队尾。攻守双方交替练习（图6-17）。

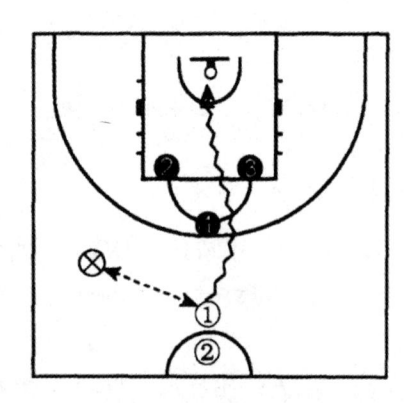

图6-17 突破补防练习

按同样方法在右侧和左侧的练习分别如图6-18、图6-19所示。

图6-18 右侧突破补防练习 　　　图6-19 左侧突破补防练习

注意事项：

第一，❷、❸之间不允许协防，防守队员防守时只能移动一只脚。

第二，进攻队员接球后，可任意从防守队员的左、右两侧突破，不限步法，但运球上篮时只能运球一次。

5.抢篮板球技术训练方法

（1）结合投篮抢前场篮板球练习

两名队员一组，一人投篮，一人在中距离位置上抢前场篮板球，然后直接投篮。连续若干次练习后交换位置继续练习（图6-20）。

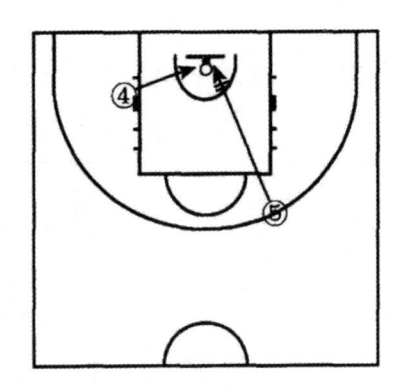

图6-20　结合投篮抢前场篮板球练习

注意事项：

第一，投篮队员故意投篮不中，使另一名队员有机会抢篮板球。

第二，同伴投篮时，不要先向篮下跑，应先对球的反弹方向进行判断，然后有目的地冲抢篮板球。

（2）一对一、二对二、三对三抢攻、守篮板球练习

两名队员一组，一攻一守。⊗投篮后，①从防守队员❶身后绕过冲抢篮板球，❶挡人后抢篮板球。攻守双方交换排到队尾，后面的组依次进行练习（图6-21）。

图6-21 一攻一守练习

二对二练习、三对三练习分别如图6-22、图6-23所示。

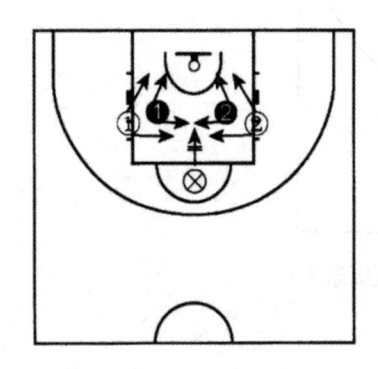

图6-22 二对二练习　　　　　　图6-23 三对三练习

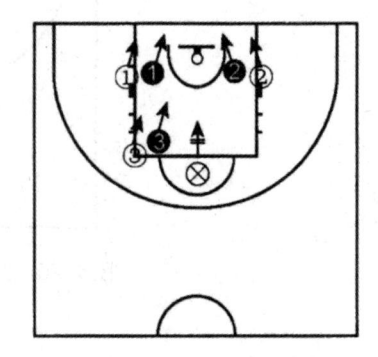

注意事项：

第一，进攻队员"每投必冲抢"，防守队员"每投必挡"。

第二，攻守双方都要积极争抢篮板球。

（3）罚球不中时抢攻、守篮板球练习

六名队员一组，①、②是进攻队员，❶、❷、❸、❹为防守队员，⊗故意罚球不中，进攻队员抢篮板球并迅速投篮，如果是防守队员抢到篮板球则迅速快攻反击。攻守方交换练习（图6-24）。

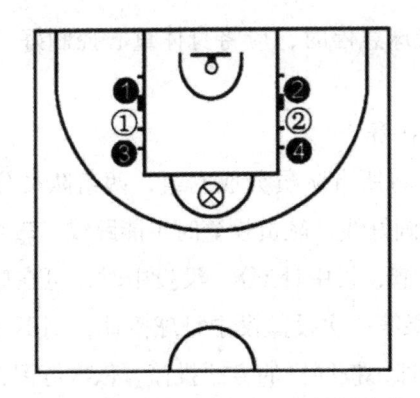

图6-24 罚球不中时抢攻、守篮板球练习

注意事项：

第一，将抢篮板球的时机掌握好，过早"进线"则算违例。

第二，进攻队员抢到篮板球后要迅速投篮，直至投中。

6.投篮技术训练方法

（1）全场推进后投篮

两名队员直线传球推进，到弧顶附近中投。全场以中轴为界分开，两组队员同时进行练习，为加大练习密度，在上一组过中线时，下一组开始练习（图6-25）。

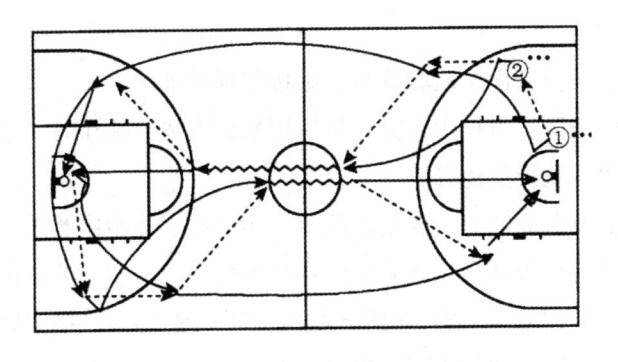

图6-25 全场推进后投篮

注意事项：

第一，要快速传球推进。

第二，快跑中接球急停时，应将身体重心控制好，促进投篮准确性的提高。

（2）抢30分投篮比赛

三名队员一组，将所有队员分成两组，两组队员分别在罚球线两侧站立。教练员在场地上画好线，队员投篮时不能踩线。教练员发出信号后，两组的排头队员开始投篮，投中计2分，没投中时，可在球落地前抢篮板球再投，投中计1分。如果第一次投篮没中且球落地，则不计分。排头队员投篮后，给第二位队员传球，按同样的方法投篮，依次练习，先得30分的一组则为优胜组（图6-26）。

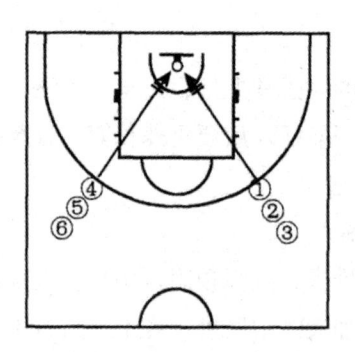

图6-26 抢30分投篮比赛

注意事项：

第一，如果投篮出手前脚踩线，则按犯规处理。

第二，两组队员每投中得分，集体报累计次数，并让另一组队员听到。

（3）自投自抢投篮比赛

将全体队员分成四组，分别在两个半场投篮。开始比赛时，每组排头队员持球自投自抢篮板球，抢到后给同一个半场另一组前面的队员传球，传球后跑到接球队员的队尾。即①给②传球后跑到②队尾。②接球后自投自抢篮板球，抢到后给③传球并跑到③队尾，依此类推。另一个半场同样按这样的方法练习。

先投中30个球的一组优胜，比3局或比5局，以3局2胜或5局3胜来判断结果。

第六章 球类运动训练研究

教练员应提前在投篮处画线，规定投篮队员投球前不准踏线，否则算犯规，这样可以保证公平（图6-27）。

图6-27 自投自抢投篮比赛

注意事项：
第一，每组都要按顺序投篮。
第二，投篮后自己抢篮板球，每组投篮都是用一个球。

（二）篮球运动进攻战术训练

1.快攻战术训练方法

快攻是由守转攻时采用的战术方式，常见的形式有三种，分别是长传快攻、运球突破快攻以及短传结合运球突破快攻，分别如图6-28、图6-29和图6-30所示。

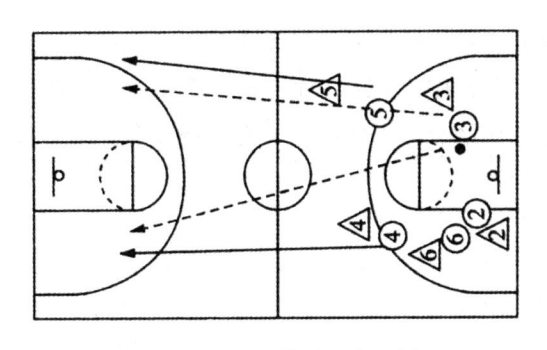

图6-28 长传快攻配合示例

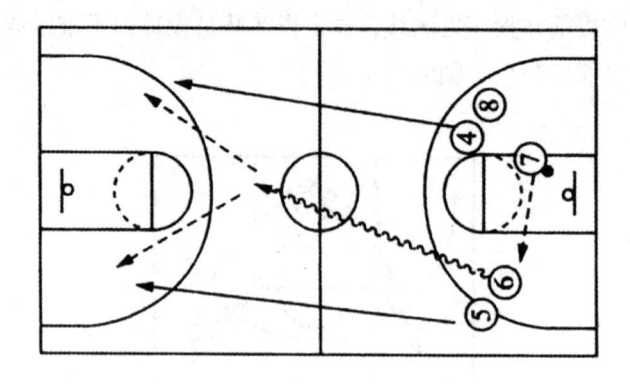

图6-29 运球突破快攻配合示例

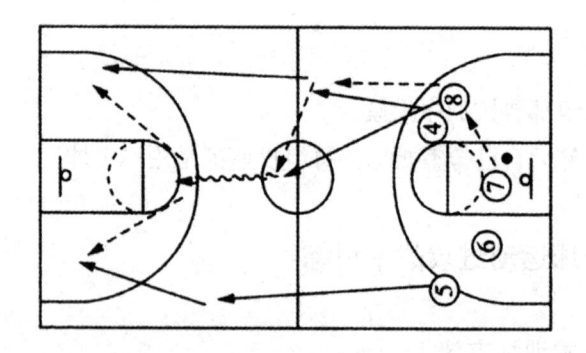

图6-30 短传结合运球突破快攻配合示例

完整的快攻包括发动和接应、推进以及结束三个阶段。下面分析具体训练方法。

（1）抢后场篮板球后的发动、接应练习

3人一组，⊗投篮未中，其余两人抢篮板球，无论谁抢到，都要快速发动快攻，向拉边接应的另一人传球，二人配合进入前场上篮。三人互换位置反复练习（图6-31）。

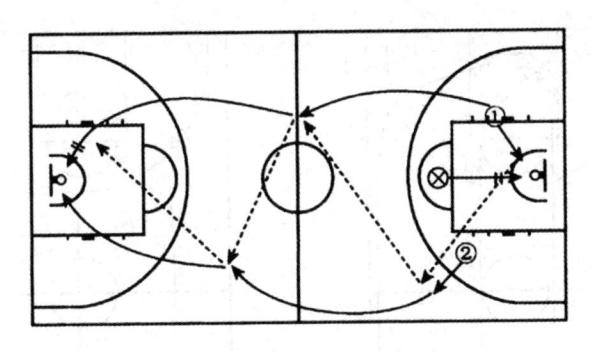

图6-31 抢后场篮板球后的发动、接应练习

（2）抢后场篮板球长传快攻

3人一组，⊗投篮，①在篮下积极抢篮板球并长传给②，②接球上篮，①抢篮板球或补篮。三名队员互换位置反复练习（图6-32）。

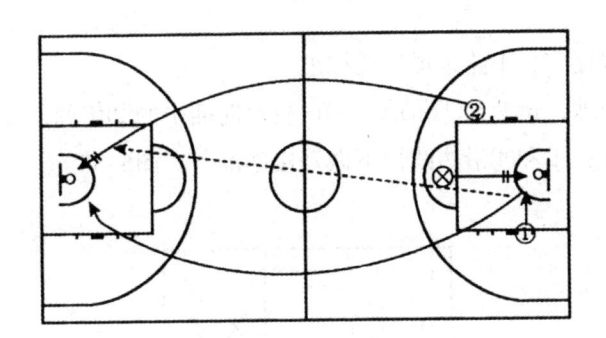

图6-32 抢后场篮板球长传快攻

（3）二人边线或中线短传推进

二人直线快速传接球至篮下投篮（图6-33）。

（4）三人短传快攻推进

三人直线向前场快速传球推进至篮下投篮，然后用相同的方法返回（图6-34）。

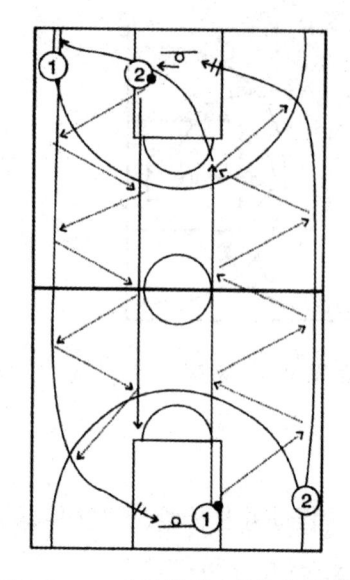

图6-33 二人边线或中线短传推进图　　图6-34 三人短传快攻推进

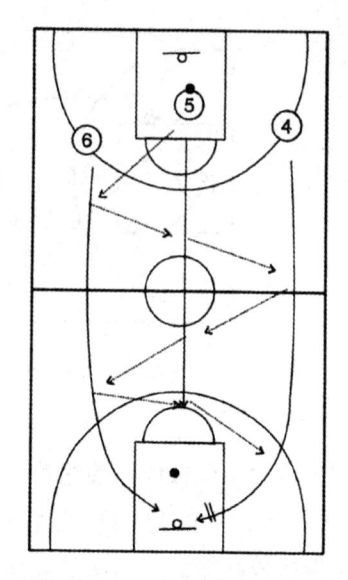

（5）边线接应，中路运球三线推进

④抢篮板球，迅速给①传球，①再快速向插中的②传球，②从中路快速运球推进上篮，①和④沿边线快下做好接球准备（图6-35）。

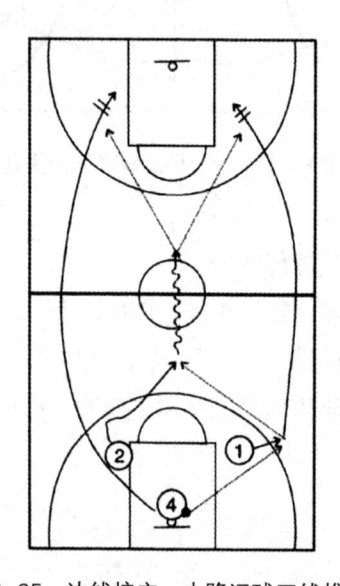

图6-35 边线接应，中路运球三线推进

（6）全场二攻一

⑤运球进入前场，遇到△的堵截时给④传球，④接球投篮。△抢篮板球。△和△与④和⑤互换位置继续练习（图6-36）。

（7）全场二攻二

④和⑤在中线配合进攻，△、△进行堵截，④或⑤投篮后，△或△抢篮板球，由守转攻向另一侧篮下运球推进，△、△进行堵截（图6-37）。

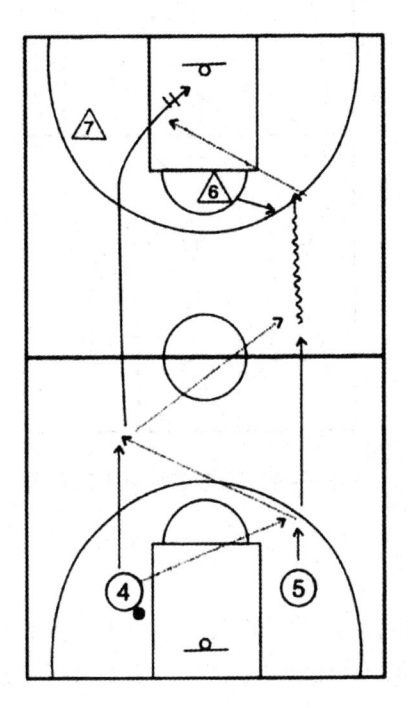

图6-36 全场二攻一　　　　　图6-37 全场二攻二

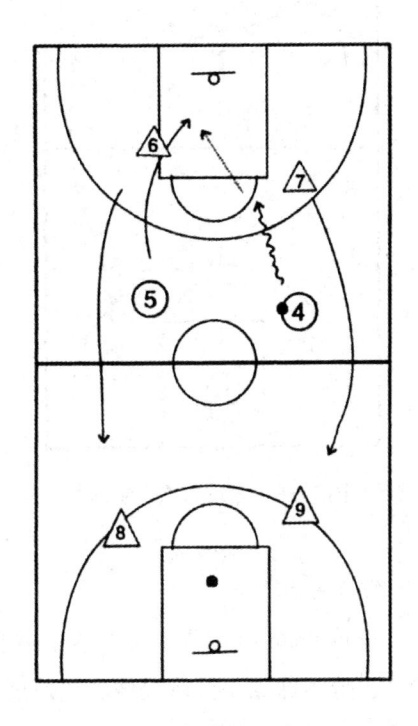

（8）三攻二

方法一：④、⑤、⑥利用运传球（运球、短传）组合技术而进入前场，△和△一前一后进行堵截。进攻方完成进攻后由攻转守，防守方由守转攻向另一侧篮下继续以运传球组合的方式推进，现在的防守队员同样前后防守（图6-38）。

方法二：④、⑤、⑥通过短传和运球进入前场，△和△一左一右进行堵截。进攻方完成进攻后由攻转守,防守方由守转攻向另一侧篮下继续以运传球组合的方式推进,现在的防守队员同样左右平行防守(图6-39)。

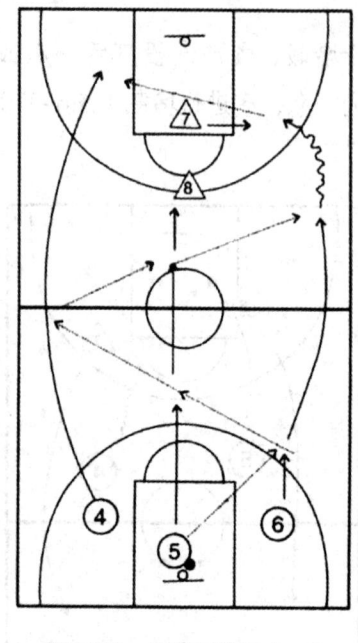

图6-38 三攻二练习(一)　　图6-39 三攻二练习(二)

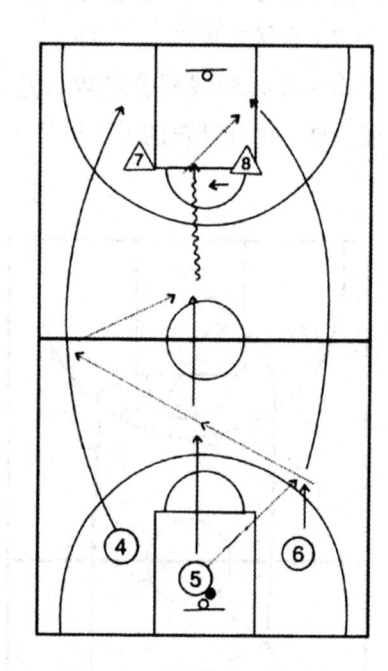

(9)全场三攻三

进攻和防守各3人,④、⑤、⑥持球配合向前场推进,△、△、△积极堵截,抢断球或获得篮板球后快速展开进攻,此时④、⑤、⑥向端线外退出场地,换另一组的3名队员上场作为防守方继续练习(图6-40)。

(10)五人快攻

④、⑤、⑥、⑦、⑧进行练习。⊗投篮,一名接应队员抢篮板球,其余队员在固定区域按已确定好的路线接应、快下、跟进。队员之间要配合好,把进攻节奏掌握好,准确传球,果断突破,顺利完成快攻任务(图6-41)。

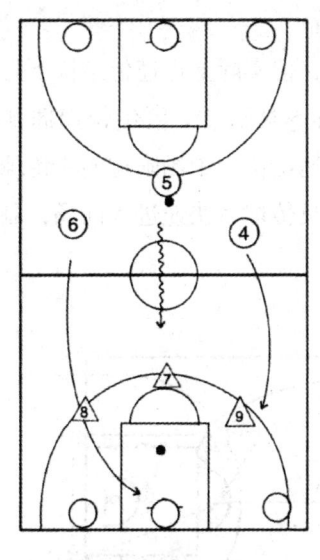

图6-40 全场三攻三　　　　图6-41 五人快攻

2.进攻区域紧逼战术训练方法

设计进攻区域紧逼战术时要对防守方的薄弱环节有清楚的认识与了解，以己之长攻彼之短。

（1）后场三防二掷端线界外球

④在球场一侧端线掷界外球，⑤伺机接球，⑥掩护⑤，△、△、△进行堵截。互换角色重复练习（图6-42）。

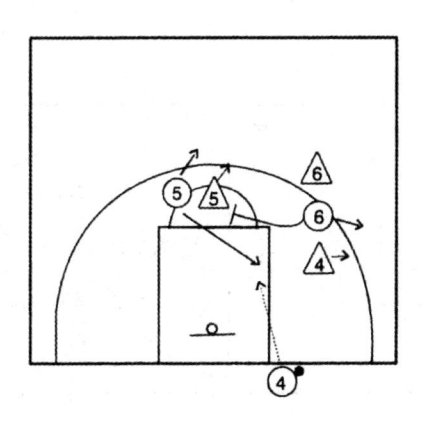

图6-42 后场三防二掷端线界外球

（2）连续策应进攻1-2-1-1区域紧逼

①持球在端线做给③传球的假动作，但实际上迅速传给快下且折回界外的②，①传球后迅速从左侧进场，△和△堵截②，②给快速插到后场罚球线附近策应的③传界外球，③接球后迅速给位于中场附近的④传球。④接球后再转身向弧顶附近的⑤传球。进攻队员传球后快速进入前场，制造以多打少的机会（图6-43）。

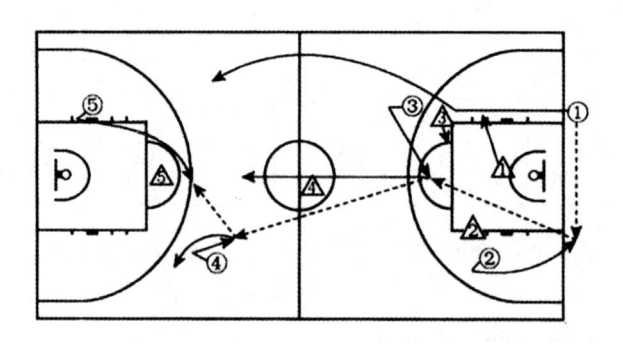

图6-43　连续策应进攻1-2-1-1区域紧逼

（3）1-2-1-1落位进攻2-2-1区域紧逼

①给②传球，②转身挡住△而接球，然后向中线附近的④传球，④再给弧顶附近的⑤传球。此时①和③从两侧边路快下，创造以多打少的机会。若⑤无法成功策应，④持球在中路与从两侧边路快下的①、③形成三路进攻（图6-44）。

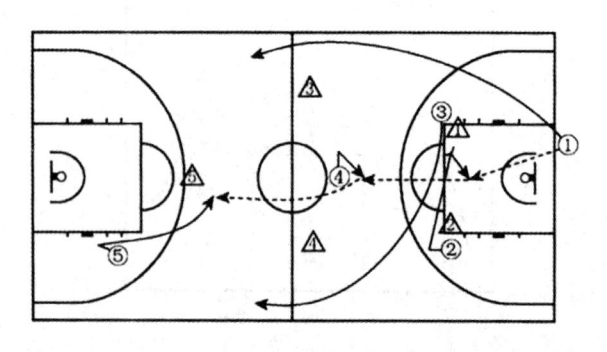

图6-44　1-2-1-1落位进攻2-2-1区域紧逼

3.进攻混合防守战术训练方法

进攻混合防守战术是以混合防守为依据而设计的进攻战术,设计与运用该战术需先对防守方的薄弱环节及矛盾之处有一定了解,然后从本队实际情况出发组织进攻,尽可能发挥本队的优势。

（1）进攻一人盯人、四人联防

方法一：如图6-45所示,⑥是被紧逼的队员,在⑦将球往外侧转移到⑧时,④移动到罚球线外要球,⑥为⑦做掩护,⑦迅速切入篮下接⑧的传球投篮。如此反复练习数次后,攻守互换反复练习。

方法二：如图6-46所示,⑥是被紧逼的队员,在⑧将球往侧转移时,⑥在底线为⑤做掩护,⑤迅速沿底线向另一侧移动接⑦的传球进攻,在一瞬间加重△的防守负担。攻守互换反复练习。

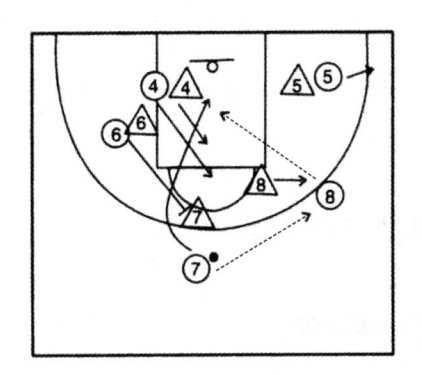

图6-45 "一盯四联"练习（一）

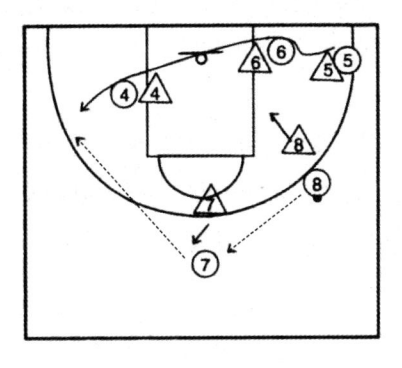

图6-46 "一盯四联"练习（二）

（2）进攻三人盯人，两人联防

对方△、△联防，⑦、⑧应重叠站位，其他队员按进攻人盯人的配合来进攻。当外围转移球时，⑦可利用⑧的掩护，寻找中投或切入篮下的机会，也可有意识地加重△或△一侧的防守负担。攻守互换反复练习（图6-47）。

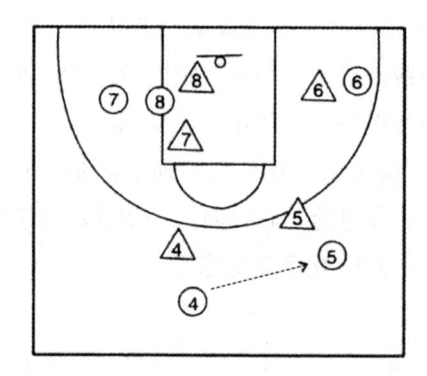

图6-47 "三盯二联"进攻混合防守

（三）篮球运动防守战术训练

1.防守快攻战术训练方法

（1）二对二防守发动与接应

教练投篮，△篮下抢球并传球或运球，④由进攻转为防守，对△的传球进行封堵，使△不得不向边线运球，△伺机接应△的传球，⑤对△进行堵截。攻守角色互换轮流练习（图6-48）。

（2）三对三夹击一传

教练投篮，△篮下抢球，④和⑤配合夹击抢篮板球的△，△伺机给△传球，⑥快速对准备接应的△进行堵截，并伺机断球。④和⑤要迅速果断地进行夹击，⑥要及时补位防守，以堵截接应队员为主，不可兼顾接应队员△和快下的△（图6-49）。

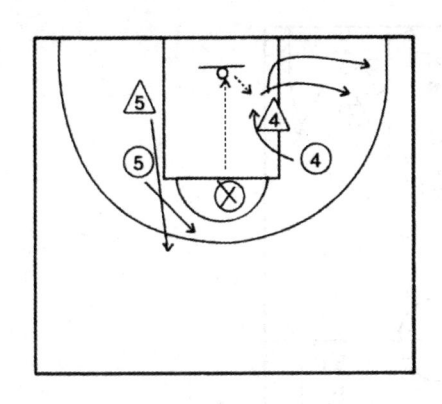

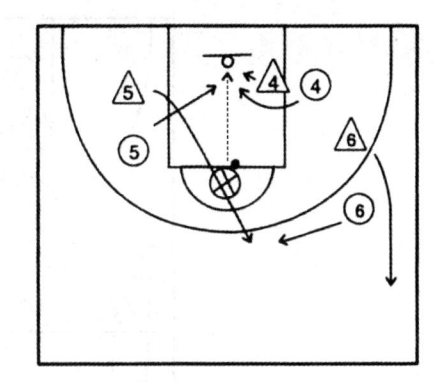

图6-48 二对二防守发动与接应　　　　图6-49 三对三夹击一传

（3）三对三堵截发动与接应

教练投篮，△在篮下抢球并伺机传球，④迅速进入防守状态，封堵△的传球路线，△和△做好接应△的准备，⑤和⑥对接应队员进行堵截。攻守双方互换角色反复练习（图6-50）。

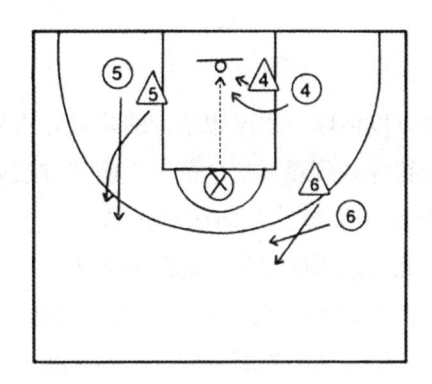

图6-50 三对三堵截发动与接应

（4）防守快下队员

⑥抢篮板球，△对伺机运球突破的⑥进行堵截，将其中路突破路线防守好。⑦和⑧是接应队员，△和△对接应队员进行防堵，④和⑤快下准备接应，△和△则沿边线对主内线加以防堵，防守接应队员（图6-51）。

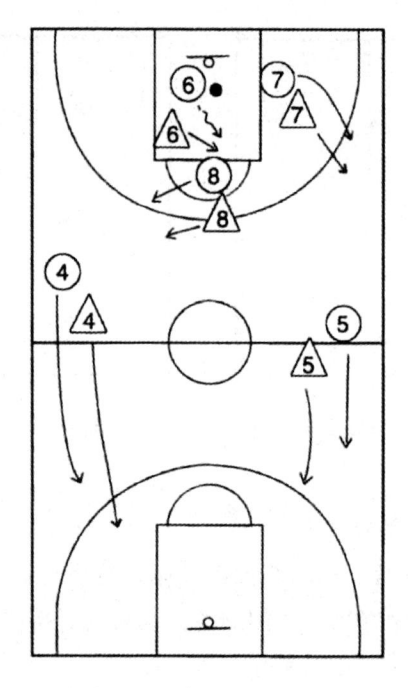

图6-51 防守快下队员

（5）一防二

①和②作为进攻方以传球、运球相结合的防守方式从后场进入前场，防守者△的防守区域为罚球线到弧顶这个范围。防守方法如下（图6-52）。

假防运球、真断球：②控球并向前场运球时，△佯装对其进行防堵，②不得不给①传球，此时△果断将传出的球断下来。

假抢球、真断球：控球队员运球时，防守队员假装上前抢球，进攻者不得不向队友传球，此时防守队员果断将其传出的球断下来。

进攻者传、运球向前场推进时，防守者找到合适的位置进行防守，通过做假动作来打乱进攻方的节奏，迫使控球者失误或犯规，从而防守方有机会获得球权。

攻守双方互换角色反复练习。

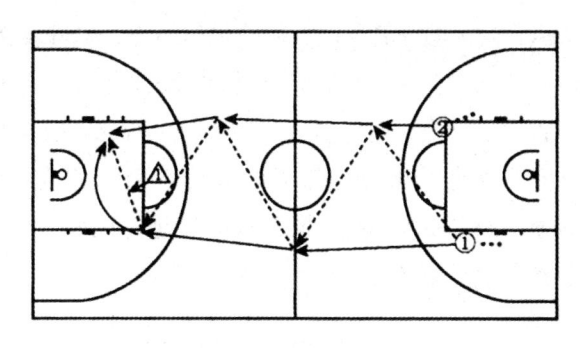

图6-52 一防二

（6）二防三

①、②、③三名进攻者以传球、运球的方式从后场进入前场时，△和△的防守区域为罚球线到弧顶这一范围，防守者以平行站位进行防守，方法如下（图6-53）。

当控球者持球进入防守方的防守区域时，其中一名防守者果断采用盯人战术进行防守，防堵其传球、空切，另一名防守者防堵其他两名进攻队员的接应，方法和前面的一防二相似。

两名防守者对边路的两名进攻者进行卡位封堵，使他们无法去篮下接应，此时中路控球队员不得不运球突破，在其起步上篮时，一名防守者果断迎上紧逼堵防，使其无法顺利投篮，另一名防守者伺机断球。

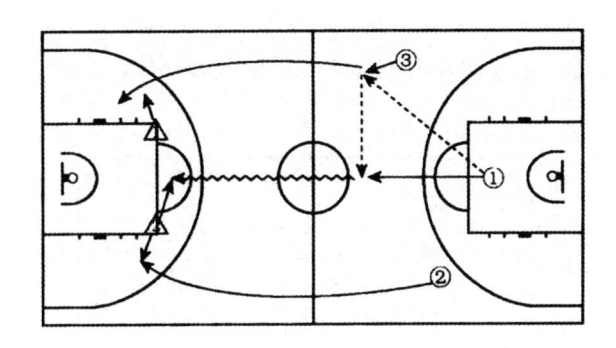

图6-53 二防三（平行站位）

如图6-54所示，两名防守者以前后站位进行防守，当进攻者向前场推进，给边路队员传球，边路向篮下运球，两名防守者根据自己与运球突破者的相对位置，决定是否由自己去堵防，若③运球突破，那么与其离得近的△上前防守，△在篮下重点防守①和②，或防守③篮下空切，当③不得不向同伴传球时，△伺机断球，如果断球失败，那么△迅速到篮下进行协防。

攻守双方互换角色反复练习。

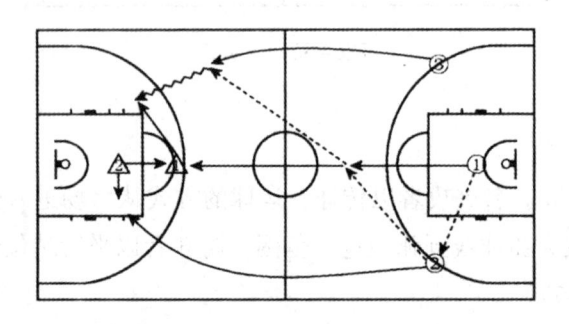

图6-54 二防三（前后站位）

2.区域紧逼战术训练方法（以1-2-1-1阵型为例）

（1）球在前场时的防守（图6-55）

当对方掷端线球时，由△、△、△来完成前区的任务，△防守③，防堵其掷界外球和向④传球。△和△防堵④和⑥接球，当④接球时，△迅速跟进，与△共同夹击④，防止其向中区移动，同时△向中间移动将④向接应队员的传球路线切断，迫使④沿边路运球推进，△在④开始运球时向左侧移动，在中区夹击，△应向左下侧移动准备堵截和补位。

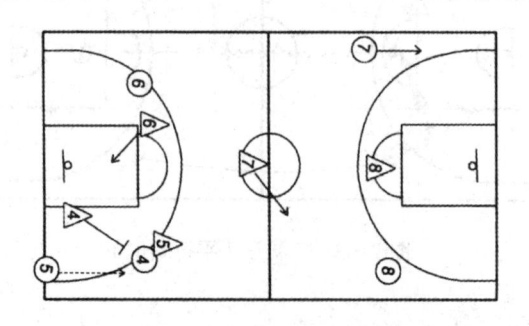

图6-55 球在前场时的防守

（2）球在中场时的防守（图6-56）

当④运球突破进入前场时，△应逼边，紧紧追防。△横向边堵，迫使④运球过中线后停球，并与△共同夹击，同时△从中路退到中区，△要由边路退到后区的沿线，△继续向左移动将④和⑧传球路线切断，△和△在中区和后区随时准备补防或断④的传球。

（3）球在后场时的防守（图6-57）

当④给⑧传球时，△及时防守，△应迅速后撤，与△共同夹击⑧，△要向篮下移动，控制对方⑥或⑦进入罚球区接球，同时△下撤，严密防守④，切断⑧给④回传球的路线。△向后区前沿后撤，对⑤和⑥进行防守，并随时准备断球快攻。

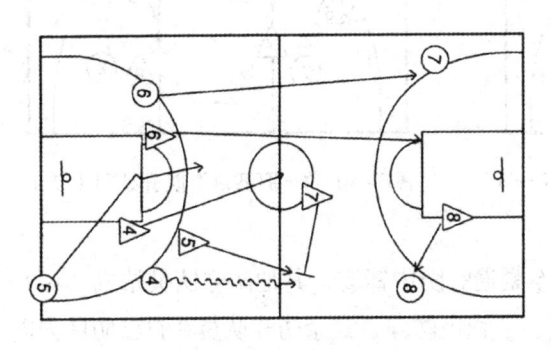

图6-56 球在中场时的防守　　图6-57 球在后场时的防守

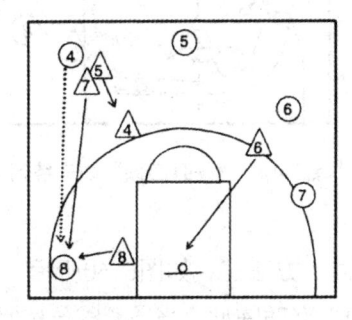

3.混合防守战术训练方法

人盯人防守和区域联防是混合防守战术的重要组成部分，同一时间将这两种防守战术同时运用到防守中就构成了混合防守战术。采用混合防守战术要求将球队的集体力量发挥出来，所有队员协同一致，使两种防守战术的组合运用达到最佳效果。

这里重点分析混合防守战术中一人盯人、四人联防的防守战术练习方法。练习目的是提高一人盯人、四人联防时紧逼防守重点对手及全队防守移动的能力。练习方法如下。

方法一：如图6-58所示，△紧逼盯防⑤，其他防守队员成"2-2"联防阵型进行防守。当⑤给④传球时，其余防守队员在自己防区内向球移动。当

⑤准备溜底线时，△积极防守，组织其接球投篮，其余防守队员依然在自己的防区内移动。⑦溜底时，△跟防至对侧区域，此时换△去防守。

方法二：如图6-59所示，△紧逼盯防⑤，其他防守队员站成"2-2"联防阵型，当④给⑤传球时，△积极防守，其余防守队员在自己防区内向球移动。

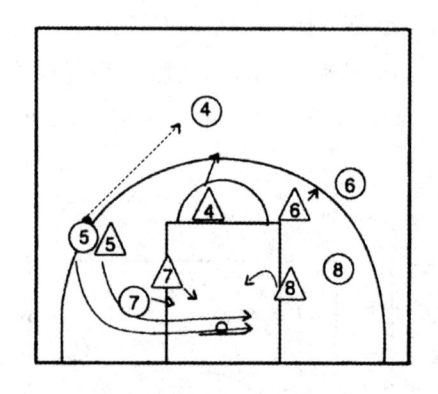

图6-58 "一盯四联"防守练习（一） 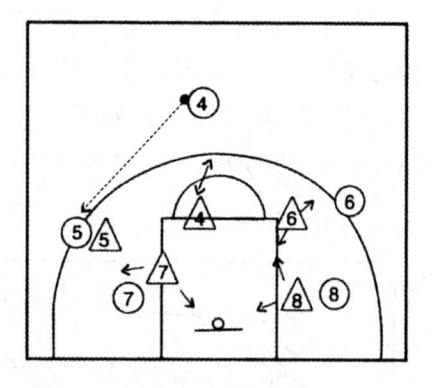　　图6-59 "一盯四联"防守练习（二）

方法三：如图6-60所示，△紧逼盯防中锋⑤，其他防守队员站成"1-2-1"联防阵型，当④给⑤传球时，△积极防守，其余防守队员在自己防区内向球移动。

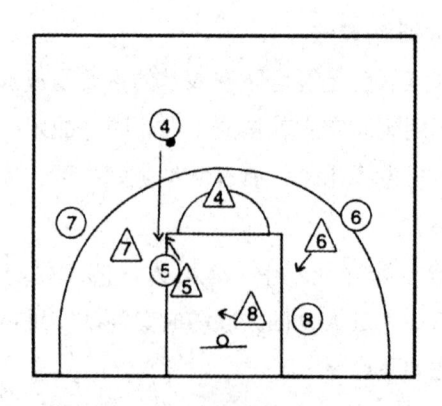

图6-60 "一盯四联"防守练习（三）

二、足球运动训练

（一）足球运动技术训练

1. 踢球技术训练

（1）一组两人，一人站立不动，另一人则踩在球上，进行定点踢球练习。在练习过程中，确保踢球时脚尖向下倾斜，用脚背内侧击球的后下方并将球"铲"起。

（2）在掌握了脚背内侧踢静止球后，便可进阶至踢动球的训练。此时，学生需将停球技巧与向两侧拨球的动作相结合，紧接着利用脚背内侧将球踢出。在练习过程中，要特别关注支撑脚的定位预判，确保动作流畅准确。

（3）两人一组，保持25—30米的距离，进行定位球的踢球练习。

2. 接球技术训练

（1）一对搭档面对面站立，彼此间隔约5米，一人负责抛掷球，另一人则练习接从不同高度落下的球，如用大腿、腹部、胸部乃至头部接球。为了提升对不同力度和旋转球的适应能力，可以逐渐增加两人之间的距离以及抛球的力量，或加入旋转元素。

（2）三人组成一个小队，沿直线分布，相邻两人之间保持大约10米的间距。训练开始，甲队员将球传给位于中间的乙队员（可以直接传向乙或乙附近的区域），乙队员迅速上前迎球转身，并将球传给位于另一端的丙队员。丙队员同样迎前接球，随后再将球回传给乙队员。乙队员接球后再次转身，将球传给甲队员。如此循环往复，不断练习。

3. 运球技术训练

（1）抬头运球

球员排成一排横队，面对教练，距离至少15米。他们根据教练的手势指示带球向前移动，同时必须对教练不断改变方向和位置的指示保持敏锐感知。

（2）拉、推（拨）组合训练

这里介绍两种独特的训练技巧：

练习一："跨步拨球"练习。在直线运球行进间，需先将右腿（或左腿）从球的上方跨过，并在落地后立即转换为支撑脚，随后利用左脚的脚背外侧巧妙地将球运向左侧前方（或相反方向）。

练习二："晃动拨球"练习。在运球时，身体上半部向左（或右）做轻微的晃动动作，以此迷惑对手，同时，迅速用右脚（或左脚）的脚背外侧将球运向右（或左）侧。这一动作要求身体迅速调整姿态，与球的移动方向保持一致。

4.头顶球技术训练

（1）争顶球训练

三人组成一小组，传球任务由其中一人完成，其他两名队员与传球者保持至少20米的距离。传球者需将球向上大力抛出，而其他两位队员则要争夺球的控制权，其中一人负责防守，另一人则负责进攻。这种训练同样适用于球门区域，其中一人从一侧传出高球，另外两名队员则在罚球区附近活动，一人将球顶向场外，另一人则将球顶向球门。

（2）向后蹭顶球

组成一个三人小队，站成直线，彼此保持大约10米的距离。首先，甲将球抛向乙，乙利用头部轻触球后将球传给丙，丙接住球后再回传给乙，乙接着用头部再次将球传给甲。不断重复练习，队伍中的中间队员可以轮流替换，以保持训练的多样性和均衡性。

5.抢断球技术训练

（1）在两位球员前方5米的位置放置一个球，哨声响起后，两人同时向球冲刺。经过反复练习，可以将静止的球改为移动的球，即教练手持球站立，两位球员分别站在他的两侧，球一旦被教练沿地面抛出，两位球员便同时启动，追赶并争夺球，通过合理的身体对抗来控制球。

（2）进行双人协同训练时，队员甲将球放置于自己脚前，而队员乙则站在距离甲两米远的地方。乙向前迈出一步，利用正面脚内侧进行拦截球的练习。在乙与球接触的瞬间，甲也迅速用其脚内侧触碰球，以此来完成协同训练。

（二）足球运动进攻战术训练

1.传球

传球是足球比赛中运用最多的技战术手段之一。为了更好地达到预期的传球效果，要培养学生良好的传球意识，使学生学会隐蔽传球意图、把握传球时机，提高传球的准确性。

2.跑位

跑位是无球队员在场上通过有意识的跑动，为自己或同伴创造进攻机会的行动。跑位时要突然起动，快速变向、变速，方法如下。

（1）套边跑

套边跑是从持球队员身后绕向外侧的跑动（图6-61）。

图6-61 套边跑

（2）身后跑

身后跑是一种插入到防守者身后的跑位，致使防守者很难观察进攻者的行动。❶号防守队员看不到插入身后的进攻队员，此时❷号防守队员必须死盯插入的进攻队员，从而失去了对❶的保护（图6-62）。

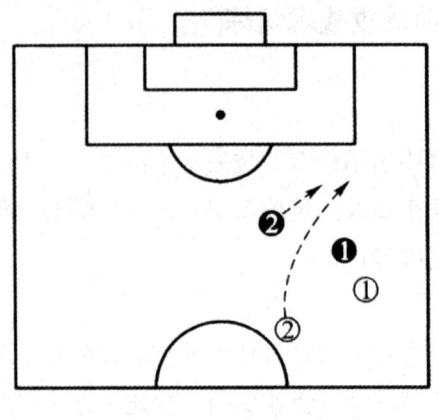

图6-62 身后跑

3.接应

接应持球队员的同时，要考虑与持球队员的距离、角度与呼应。

（1）距离

接应的距离与接应时的场区、对方的防守压力有密切关系。比赛场地条件也影响接应距离。把握好接应距离是做好接应的重要保证。

（2）角度

选择接应角度应遵循便于传球和接球的原则，接应队员应根据场上对手的位置调整角度，一般是靠内侧与持球队员形成一定角度。

（3）呼应

呼应就是接应队员与同伴之间保持联系的信号，这也是接应技巧的组成部分。

4.运球突破

运球突破是突破对方的防线，创造以多打少局面的锐利武器，这也是创造传球机会和射门机会的有效手段。在运球突破时应注意以下几点：

（1）控制好球，保护好球。

（2）把握好突破时机、距离和方向。

（3）运球逼近、调动、超越、摆脱对手等各个技术衔接紧密。

（4）突破对手后，要及时射门或与同伴进行传球配合。

（5）机动灵活地运用运球突破战术。

5.集体进攻战术

（1）快攻战术

快攻战术是由守转攻时，趁对方来不及调整防守策略，通过简单快速的传递配合创造射门机会的战术。快攻战术具体有三种情况。

①守门员获球后，若对方三条线压得比较靠前，守门员迅速用脚踢给本方位于对方后卫线附近的突击队员，或者用手抛给中场占据有利位置的同伴，创造快速突破的机会。

②在中前场截对方脚下球后迅速发动进攻。

③获得任意球，快速罚球也能创造快攻机会。

（2）阵地进攻战术

以中路渗透为例。

①后场发动进攻

后场发动进攻的方法主要有守门员发动进攻（图6-63）和后卫发动进攻（图6-64）。

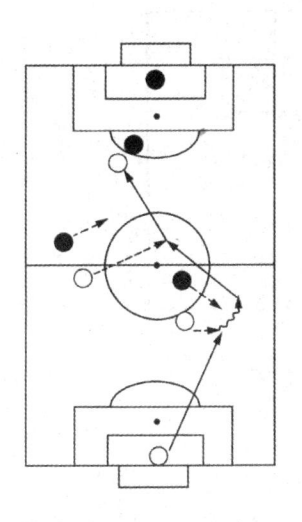

图6-63 守门员发动进攻　　图6-64 后卫发动进攻

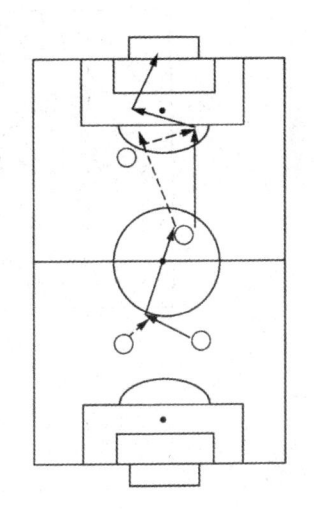

②中场发动进攻

中场发动进攻是指中路渗透战术的配合主要由中场发动，前卫队员是核心角色。常常采用短传配合的方法实施中场发动进攻，具体打法如图6-65、图6-66、图6-67所示。

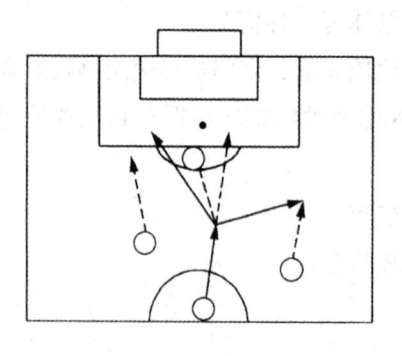

图6-65　中场发动进攻一　　　　　图6-66　中场发动进攻二

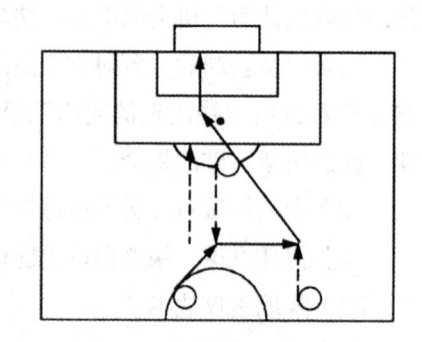

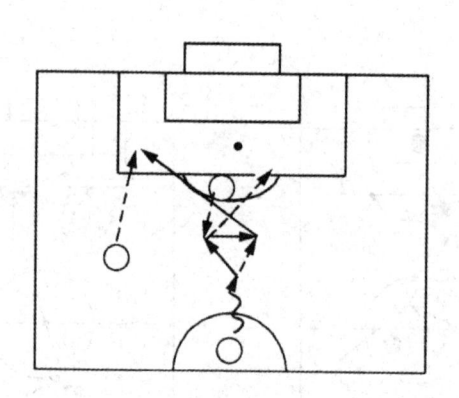

图6-67　中场发动进攻三

③中边转移

若中路渗透没有达到目的，则及时往边路转移，目的是分散中路守方的注意力，然后通过边路突破再将进攻方向转到中路。通过中边转移可以打乱对方的防守战线，利用空当创造破门得分的机会。

（三）足球运动防守战术训练

1. 选位与盯人

选位是指防守队员在防守时选择合理的防守位置。防守队员一般应站在对手与本方球门中心所构成的直线上。盯人是在选位后，观察所要防守的对手，严密控制其进攻行动。选位与盯人应注意以下几点。

（1）在进攻队员之前及时选位。

（2）所选位置应位于进攻队员、防守队员和本方球门中点三点所形成的直线上，并保持适当距离。

（3）所选位置要与同伴组成纵横交错的三角或菱形网络队形。

（4）以多防少或以少防多时，要灵活选位。

2. 抢球

抢球是指抢断或破坏对方控球。运用这种战术时，要保证集体防守的稳固性。抢球是一项重要的个人技术，同时也代表了个人的防守能力。抢球的基本要求是站位正确、距离合理、时机准确。

3. 断球

断球是从途中拦截对方的传球或破坏对方战术行动的行为。断球是转守为攻的一种最有效的战术行动。要设法快速反击，使对手来不及反抢。断球的要点是判断准确、位置合理。

4. 人盯人防守

人盯人防守是指在比赛中每一名防守队员都盯住一个对手，并封锁对手的进攻线路，控制对手的活动和传球、控球的配合方法。这种战术的主要特点是在全场攻守中，两两对垒的情况让进攻队员时刻处于压力状态。

5. 区域盯人防守

区域盯人防守是防守方根据场上队员的位置分布，安排一名防守队员在一个区域进行防守，在对方队员跑到本区域时，积极展开防守，限制对手进攻的配合方法。使用这种防守战术时，要明确每位防守队员的职责，积极配合，若某一区域盯人防守失败时，邻近队员要及时补位，被突破的防守队员应及时与其换位，以实施整体有效的防守。

三、排球运动训练

（一）排球运动技术训练

1.发球

我们着重探讨发球区的专项训练策略。

（1）练习一：连续发球挑战

每位参与者需连续发出5—10个具有显著攻击性的优质发球，若发球失误或缺乏攻击性，即视为无效并扣除一次成功计数，直至完成规定的发球任务。此练习旨在强化发球的稳定性和攻击性。

（2）练习二：精准落点进阶挑战

在排球场发球区外，按照距离远近分别标记A、B、C、D四个区域（距离分别为10—12米、12—14米、14—16米、16—18米）。要求发球者的发球依次落入这四个区域，提升发球落点的精准度。

2.传球

（1）练习一：协调用力体验训练

一人手持球置于额前上方，采用正确的击球点和手型，另一人轻压球以辅助稳定。持球者需运用传球技巧向前上方推送球，重点体会传球过程中的协调用力。此训练需多次重复，以强化传球手感。

（2）练习二：近距离抛传配合练习

两人一组，相距约3米，一人负责抛球，另一人进行传球练习。重点在于传球者需在触球瞬间发力弹击，确保传球准确到位。此练习需反复进行，以增强传球能力。

（3）练习三：高空传球练习

高空传球练习一般要求一人将球抛至约1米高并传给对方。在练习过程中，传球者要精准掌握手臂、手腕和手指的用力方向，确保传球力量适中且方向准确。此训练同样需多次重复，以提升高空传球的稳定性和技巧性。

3.击球

（1）低网原地抛扣循环

进行低网高度的原地自抛扣球练习，通过不断重复，提高扣球动作的熟练度和准确度。

（2）静态球扣击训练

采用双人搭档模式，一人将球举至肩部高度，另一人执行扣球动作，通过反复练习，提升扣球的力度和精准度。

（3）4号位实战扣球模拟

结合队友的二传传球，在4号位进行扣球练习，模拟比赛场景，增强实战应用能力。

（4）助跑扣球协同训练

双人搭档，一人负责抛球，另一人进行助跑后扣球，通过反复练习，提升扣球时的爆发力和身体协调性。

4.拦网

（1）网前移动击掌热身

两人隔网相对站立，进行原地或左右移动的起跳击掌练习，以此增强拦网时的反应速度和移动灵活性。

（2）原地低网扣拦

扣球者自抛自扣，对准拦网者，拦网者在扣球者击球时伸手拦网但保持原地不动。通过反复练习，增强拦网的预判能力和手臂力量。

（3）双人拦网动态协同

在2号、3号、4号位网前各安排一名队员，3号位队员根据球的方向向左或向右移动，与2号、4号位队员形成双人拦网配合。通过反复练习，加强团队间的默契和拦网的协同性。

（二）排球运动战术训练

1.发球与进攻练习

发球与进攻练习主要包括以下几种方式：发球—接发球、发球—接球—传球，以及发球—接球—调球—扣球。接下来，将详细阐述这些练习方法。

（1）发球—接发球训练

短距离的发球与接球练习：以两人一组进行，其中一人负责发球，另一人负责接球，两人相隔8—9米。发球者从慢速开始逐渐加快，直至连续成功发球10—20次后，双方交换角色（图6-68）。此练习需要不断重复进行。

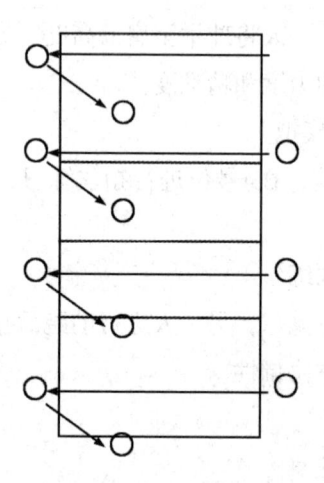

图6-68 发球—接发球训练

六人一组的三发三接对抗赛：其中三人位于发球区负责发球，另外三人则在对面负责接球，若接球方连续失误两次，则会失去一个到位球，而发球方若连续失误两次，则算作接球方到位一次。根据情况重复练习。

（2）发球—接球—传球训练

练习一：二发二接一调训练。两位球员在发球区内轮换发球，另外两位球员则组成小组，依次接球并调整传球，形成循环往复的训练模式（图6-69），且需持续重复练习。

练习二：一发三接一调训练。两队同时进行的竞技形式，目标是率先完成10次高质量的传球（图6-70）。

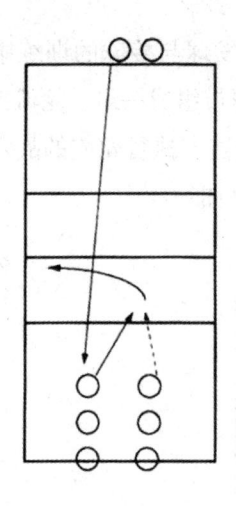

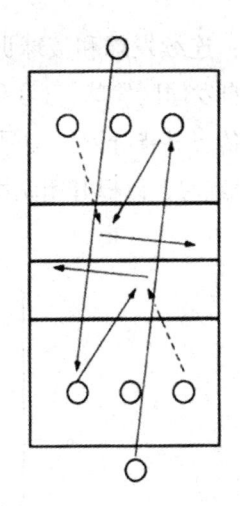

图6-69 二发二接一调训练　　　图6-70 一发三接一调训练

（3）发球—接球—调球—扣球训练

练习一：交替发球和接球训练。在交替发球与接球的训练中，两位球员在发球区内轮换发球，同时有一位球员负责连续传球，而另外两位球员则负责接球后直接进行扣球，这一训练可以同时在两边场地进行（图6-71），且需要不断重复练习以巩固技能。

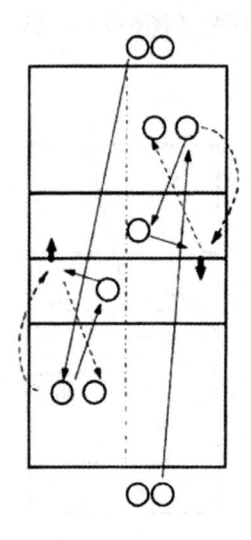

图6-71 发球—接球—调球—扣球训练

练习二：连续发球和接球训练。在连续发球与接球的训练中，两位球员分别在各自发球区发球，1号和5号位置的球员组成一组，轮流接球，其中一人负责二传，并指导2号、3号、4号位置的队友执行相应的战术进攻（图6-72）。重复练习，以提升团队协作与战术执行能力。

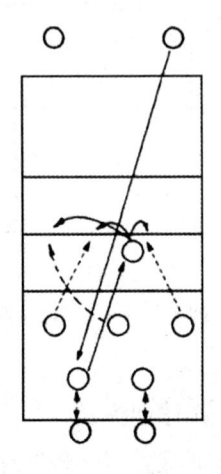

图6-72 连续发球和接球训练

练习三：五人接发球与进攻训练。在发球区域，教练员负责发球，而区域内的五名队员则负责接发球。位于1号位置的队员要形成"心二传"进攻的布局，以此来构建立体的攻势（图6-73）。这一训练需要不断重复进行。

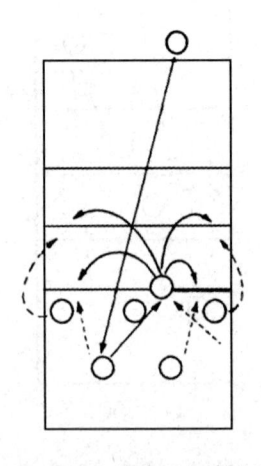

图6-73 五人接发球与进攻训练

2.接扣球及其进攻的训练

（1）扣球—防守训练

练习一：二扣三防训练。在该练习中，教练会在2号和4号位的网前执行扣球或吊球动作，而位于1号、5号和6号位的球员则负责防守和接应，通过计时的方式轮流进行练习（图6-74），且这一训练需要不断重复以提高防守效率。

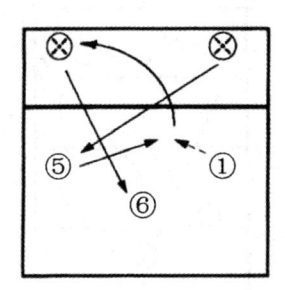

图6-74 二扣三防训练

练习二：三人一组的防重扣训练。对方球员会在2号和4号位进行远网扣球，而1号、5号和6号位的球员则组成防守队伍，每组需成功防守10—15个高质量的扣球（图6-75），这一训练要求重复进行，以增强防守的稳定性和耐力。

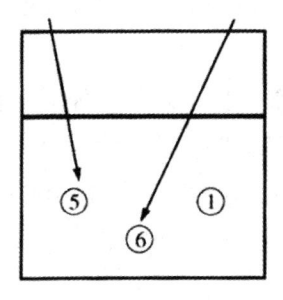

图6-75 三人一组的防重扣训练

练习三：三扣三防训练。三扣三防的练习则是教练在进攻线前将球分别抛给2号、3号和4号位的球员进行扣球，对方的三名球员则负责防守，成功防守10个扣球后，双方互换攻防角色（图6-76），这一训练同样需要反复进行，以提升防守的灵活性和反应速度。

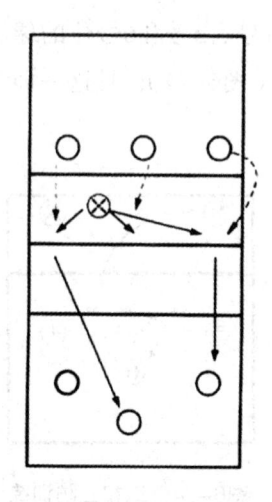

图6-76　三扣三防训练

（2）防守—调球训练

练习一：连续三人防守训练。在连续三人防守训练中，教练会在网前执行扣球或吊球动作，而位于1号、5号和6号位的球员则负责接球，并将球调整回传给教练。此外，还可以增设一名专门的二传手来参与调整过程，以增强训练的复杂性和实用性。这一训练需要反复进行，以提升防守队员的应变能力和调整技巧。

练习二：双人防守调整训练。这是一种更为紧凑的练习方式，教练站在高台上进行扣球或吊球，两名队员从端线开始，一人负责接球，另一人则迅速将球调整至2号位或4号位（图6-77）。这种训练同样强调不断重复，旨在提高防守队员之间的默契程度和调整球的能力。

第六章　球类运动训练研究

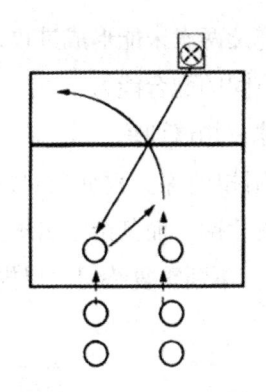

图6-77　双人防守调整训练

防守调整训练也可以三人一组进行练习，其中教练员会在2号位和4号位的高台上执行扣球或吊球。三名队员从底线出发，他们的任务是成功防守并将球调整至2号位或4号位。一旦一组队员成功完成防守和调整，下一组队员就会接替上场。此训练的核心要求是不断重复执行，以提升防守和调整的熟练度和效率。

（3）调球—扣球训练

方法一：一传一扣训练，教练在进攻线附近抛球，1号和5号位置的球员需迅速响应，将球传递给2号和4号位置的球员以执行扣球动作，可多次重复练习以加深记忆。

方法二：内收调传扣练习，教练将球抛向中场区域，此时2号位置的球员需迅速内收，将球传递给4号位置的球员来完成扣球，不断重复以达到熟练。

（4）防守—调球—扣球训练

练习一：三防一攻调整练习。教练在高台或地面实施扣球动作，网前配置一名二传手，其余三名队员则全力防守，需将球有效防起并精准传递，以形成流畅的快速进攻组合。若传球不到位，则需进行调整后再发起进攻。此训练需反复进行，以提升团队默契度和反应速度。

练习二：三人防守—传球—扣球训练。教练在高台上进行扣球，三人小组需依次完成防守、传球、扣球三个环节，若任一环节成功，则可继续下一环；若出现失误，则需换组进行。若球未能成功转化为进攻但过程无失误，则给予一次再试机会；若连续两次未能形成进攻，则需换组。此训练同样强调不断重复，旨在提高队员间的配合能力。

（5）拦网—防守—调球—扣球训练

练习一：一拦三防的调扣训练。教练在4号位或2号位的高台上执行扣球，其中一名球员专门负责拦网，而其余三名球员则协同进行防守、调整球路以及扣球反击（图6-78）。不断重复练习，以提升团队协作与应变能力。

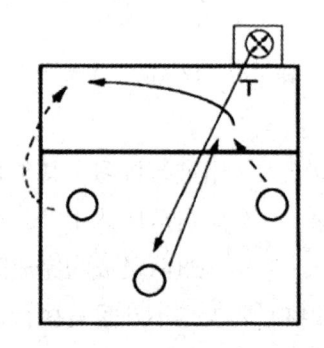

图6-78　一拦三防的调扣训练

练习二：二拦三防的调扣训练。教练同样在4号位或2号位的高台上扣球，但此时增加至两名球员负责拦网，其余三人则负责后续的防守、调整传球以及扣球。拦网球员在完成任务后还需积极后撤，参与到调整传球和扣球的环节中来。教练可以故意选择扣直线、斜线或故意打手，以增加拦网和防守的难度（图6-79）。这一训练同样需要多次重复，以达到最佳训练效果。

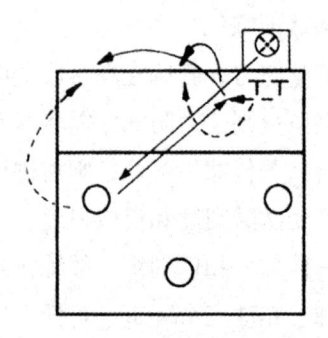

图6-79　二拦三防的调扣训练

第六章 球类运动训练研究

练习三：三拦三防的全面调扣训练。对方球员在2号、3号或4号位进行扣球，我方三名球员紧密配合进行拦网，而另外三名球员则负责后排的防守。场上的六名球员都需要积极参与到调整传球和反击扣球的行动中来（图6-80）。这一综合训练旨在全面提升球队的防守、调整以及反击能力，同样需要通过不断重复练习来巩固技能。

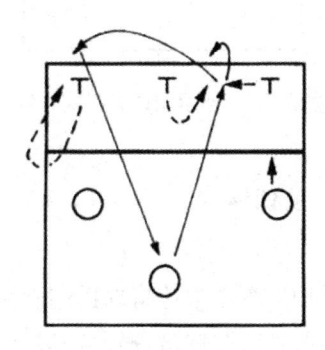

图6-80 三拦三防的全面调扣训练

（6）扣球—拦网对抗练习

练习一：扣球与拦网循环训练。运动员在4号位发起扣球，随后进行一次传球，紧接着对对手的扣球进行拦网，之后返回4号位继续扣球，如此循环往复。

练习二："人盯人"扣球与拦网训练。运动员可以在4号位和2号位进行单人"人盯人"式的扣球与拦网练习，也可以在3号位进行类似练习。扣球运动员需努力突破对方的拦网，练习可以设定数量或时间限制。练习应不断重复进行。

练习三：连续扣球与拦网训练。在3号位连续扣球与拦网训练中，3号位运动员首先拦下快攻球，落地后迅速转移到2号位，与2号位运动员一起拦下对方4号位的进攻。当轮到2号位运动员时，他们将参与下一轮扣球，完成扣球后，再回到3号位参与快攻，随后轮到对方进行拦网（图6-81）。此练习也需反复进行。

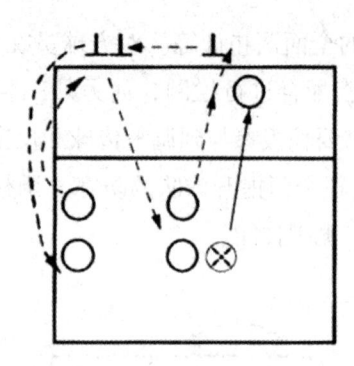

图6-81 连续扣球与拦网训练

3.接拦回球及其进攻的训练

（1）保护训练

练习一：双人拦网保护训练。教练将球抛向网前，对方队伍派出两名球员执行双人拦网，同时，另外两名球员分别从两侧跟进，准备保护接球。这一训练可以同时在场地两侧进行（图6-82），且需要不断重复，以提升球员的反应速度和保护能力。

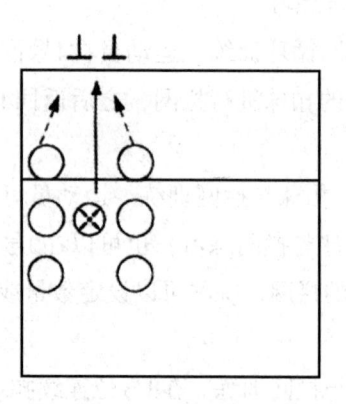

图6-82 双人拦网保护训练

练习二：二传手参与保护训练。在完成进攻后，二传手迅速转换角色，加入到保护队伍中。由于二传手对球队的进攻布局有深入了解，因此他们在保护接球时往往成功率更高（图6-83）。这一训练同样需要反复进行，以增强二传手的综合能力。

第六章 球类运动训练研究

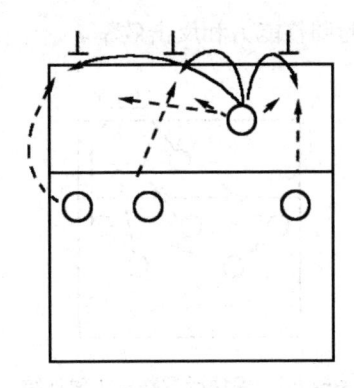

图6-83 二传手参与保护训练

练习三：多人拦网保护训练。对方队伍派出两人或三人定点拦网，二传手则组织多样化的进攻，场上其他球员负责跟进保护。为了增加训练的难度，还可以采用三人定点拦网的练习方式（图6-84），这一训练同样需要不断重复，以提升球队的整体防守能力。

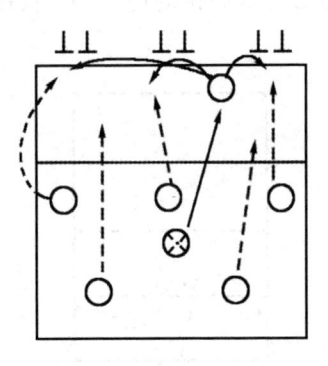

图6-84 多人拦网保护训练

（2）保护后调整再扣球训练

在这一训练中，2号位的球员执行扣球动作，对方则形成两到三人的集体拦网。扣球队员可以故意将球扣向拦网球员的手部，以测试场上队员的保护能力和反应速度。一旦球被成功救起，队员们需要迅速组织反击。3号位和4号位的球员同样可以按照这一方法进行训练（图6-85）。这一训练旨在提升球队在防守压力下的调整能力和反击效率。

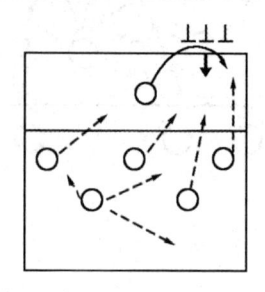

图6-85 保护后调整再扣球训练

4.接传、垫球及其进攻的训练

（1）"边线二传"战术训练

教练有意将球抛向中场或场地远端角落，此时，3号和4号位的球员需快速后撤，准备接应球或发起攻势，而2号位球员则需伺机执行"二次球"战术或做好传球接应准备。后排的球员需积极接应，确保前排的快攻能流畅进行，同时他们也有能力参与到后排的进攻中（图6-86）。此训练需重复进行，以达到技术纯熟。

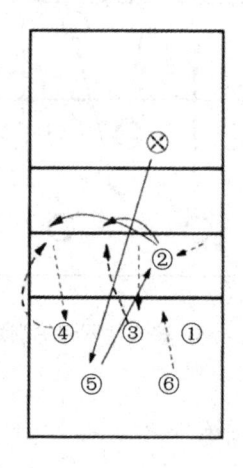

图6-86 "边线二传"战术训练

（2）后排插位"边线二传"战术训练

教练将球抛向后场或场地远端角落，2号、3号和4号位的球员迅速后撤

第六章 球类运动训练研究

准备接应或发起攻势,此时,1号位的球员需迅速"插位"到合适位置以组织进攻。而后排的5号和6号位球员在接到球后,同样有能力参与到后排的进攻中(图6-87)。此训练需多次重复,以提升战术执行能力。

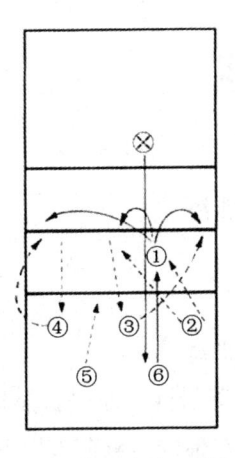

图6-87 后排插位"边线二传"战术训练

(3)"中心二传"战术训练

教练将球抛向后场,2号和4号位的球员需快速后退准备接应或发起攻势,而3号球员则需迅速移动到攻击线附近,摆出"中心二传"阵型以发起进攻。后排的1号和6号球员则采取梯次进攻的方式,参与到后排的进攻中(图6-88)。此训练同样需要重复进行,以强化战术配合能力。

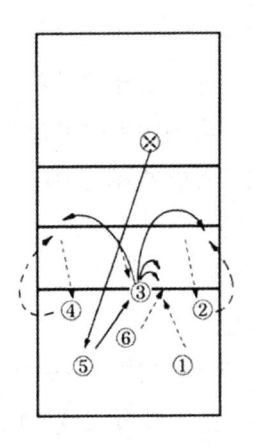

图6-88 "中心二传"战术训练

第三节　小球运动训练

一、网球运动训练

（一）网球运动技术训练

1.击球技术训练

（1）站立侧击抛球精进训练

以侧向站立姿态面对击球目标，左手自然展开于胸前，右手紧握球拍，于身体后方蓄势待发。队友在你的右侧前方以低手抛球方式释放球，待球弹跳至最高点并开始回落的瞬间，你需要敏捷调整步伐，精准定位击球点，这一技巧是此项训练的关键。

（2）多球接力击打训练

教练站在网前发球，练习者则在底线外侧排队等候，依次进入场地进行击球。击球完毕后，迅速跑动捡球，将球放于教练非持拍侧的球筐中，然后迅速归队。在参与人数较多的情况下，教练可以同时为两组队员供球，以此确保每个队员在训练过程中都能保持动作的准确性。

（3）墙面击球进阶练习

练习者可以自行抛球，或连续击球，面对墙壁进行练习。从大约5—6米的起始距离开始，逐渐后退至大约10米的位置，以合适的力度击打墙上的特定区域，确保球反弹回来的位置能够轻松衔接下一次击球。这一练习需要不断重复，以达到技艺精进目的。

2.发球和接发球技术训练

（1）连续接发球强化训练

为了快速熟练掌握发球技巧，教练会采用连续不断发球的方式，为练习者安排专门的接球训练环节。为了提升发球的精确度和力量感，教练需站在发球区附近，精心控制球的落点、速度和旋转变化，并根据练习者的技能提

第六章　球类运动训练研究

升情况，逐步增加训练的难度。这一训练需要反复进行，以达到最佳效果。

（2）渐进式发球区域挑战

练习者从发球线附近开始发球，在确保发球动作基本准确的前提下，如果连续五次发球成功，则后退至底线位置，继续挑战更远的发球区域，直至退至场地的最远端。这一训练旨在通过逐步增加发球距离，提升练习者的发球稳定性和自信心。这一训练需要不断重复，以达到最佳训练效果。

（3）实战模拟接发球综合训练

一至两名发球员负责发球，模拟实际比赛场景，进行接发球综合训练。这一训练涵盖了接发球破网、接发球抢攻以及接发球后上网等多种实战技巧，旨在提升练习者在比赛中的应变能力和技术水平。这一训练同样需要反复进行，以提高练习者的实战能力。

3.截击球技术训练

（1）网前渐进式截击强化训练

教练首先通过手抛球的方式引导练习者练习，练习者从贴近网前的位置开始截击球，逐渐向外侧移动，同时，教练的供球方式也逐步由手抛转变为使用球拍，球速和力量随之提升、增强。这一训练过程需要反复进行，以巩固截击技巧。

（2）前场快速拦网往返练习

两名练习者分别位于发球线和球网两侧，进行连续不断的拦网击球练习，着重强调击球的连贯性和回球次数，每次击球后需迅速恢复到准备姿势，以保持最佳的防守状态。这一练习需要多次重复，以提升反应速度和拦网效率。

（3）前场与底线交叉对抗计分赛

将四名练习者分为两组，每组两人在网前，另两人在底线，进行对抗练习。练习中禁止挑高球，采用计分制进行。此外，这一练习也可以简化为两人对抗，场地缩小至单打区域的一半，以增强前场与底线之间的协同作战能力和比赛适应性。

4.高压球技术训练

（1）墙壁反弹高压球精进训练

练习者立于距墙大约十米之处，全力将球击向墙面约一米高的位置，待球落地反弹至适宜高度后继续击打。训练期间，需适当调控击球力度，同时保持侧身朝向墙壁，以便灵活应对。

（2）网前精准高压球提升练习

练习者紧贴网边侧身而立，由教练手抛球展开练习，要求动作连贯，力量适中。随着技能日益精进，练习者可远离网边，保持警觉的准备姿势，迎接教练用球拍传来的球。此练习需持续进行，以强化高压球技能。

（3）动态高压球反应速度训练

练习者于网前保持高度警觉的准备姿势，教练随机向前后左右方向供球，练习者需迅速调动脚步，快速移动至最佳击球位置，每次完成高压球击打后立即返回初始位置。此训练需反复进行，以锻炼练习者的快速反应能力和移动能力。

5. 挑高球技术训练

（1）墙壁高压回弹强化训练

练习者位于距离墙壁约十米远的地方，全力将球击向墙面约1米高的目标区域，等待球落地反弹至适当高度后再度击打。在训练过程中，练习者需精准控制击球力度，确保球的落点准确无误，同时保持侧身面对墙壁，以便灵活调整击球姿态。

（2）网前高压球精准度提升训练

练习者紧挨着网边侧身站立，由教练通过手抛球的方式开始练习，要求动作流畅、力量适中。随着技术水平不断提升，练习者可以稍微远离网边，保持高度警觉和准备姿势，迎接教练用球拍传来的球。这项训练需要重复进行，旨在提升高压球的精准度和稳定性。

（3）高压球反应与移动速度提升训练

练习者站在网前，保持高度集中的准备姿势，教练则随机向练习者的前后左右方向供球。练习者需要迅速调动脚步，快速移动到最佳击球位置，并在每次完成高压球击打后迅速返回初始位置。这项训练需要反复进行，以提高练习者的反应速度和移动灵活性。

6. 放小球技术训练

（1）在距离墙壁大约6米的地方，交替使用正手和反手削球，使球触墙反弹，待球落地两次后再次轻削球使其触墙。需要重复练习。

（2）站在离墙约3米的位置，交替用正手和反手削球上墙，待球落地一次后再次轻削球上墙。不断重复这一训练。

（二）网球运动战术训练

1.发球与接发球战术的训练

（1）强力接应反击训练

教练抛送一个相对柔和的第二发球，球员A迅速向前，采用强有力的正手攻击方式，将球精准地送向T1或T2的目标区域。一轮练习结束后，换由球员B接替，继续这一练习（图6-89）。这样的训练需要重复进行。

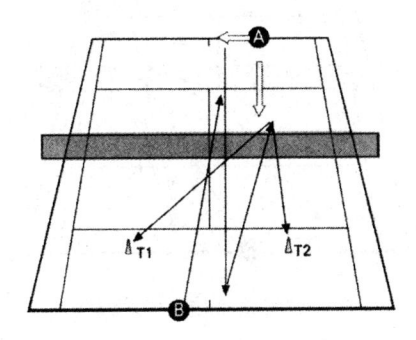

图6-89 强力接应反击训练

（2）二发跟进与底线旋转球应对训练

球员A发出带有强烈旋转的第二发球，并立即跟进。球员B则以旋转球回应，使球落在网前球员的脚边。此时，球员A迅速调整，以低截击或弹跳球的方式，直线回击至场地后方目标点（图6-90）。此练习需反复进行，以提升应对能力。

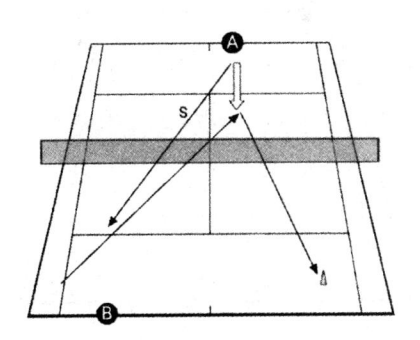

图6-90 二发跟进与底线旋转球应对训练

（3）弱点攻击战术训练

选手A针对B的反手弱点，进行发球或追身球的攻击。利用对手接发球时的措手不及，A持续将球打向B的反手区域，制造压力。直至B犯错，或A创造回击正手空位得分的机会。A通过侧旋发球直接攻击B的身体，或用上旋发球专攻B的反手（图6-91）。

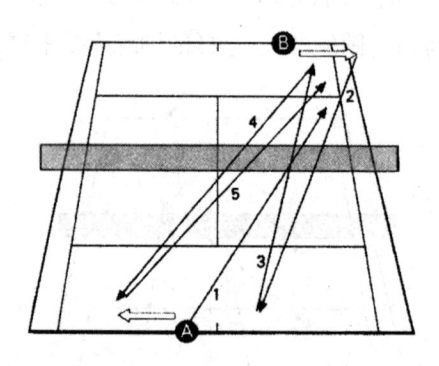

图6-91 弱点攻击战术训练

（4）大范围发球与接球反击训练

球员A发出一个宽广角度的外角球，球员B则以斜线球回应。在接球时，B努力将球打向A场地的后方深处。接着，A以强有力的抽球攻击B的空当区域。若B能成功接回A的第二次击球，则得分；若未能成功，则A得分（图6-92）。此训练需不断重复，以提升球员的反应速度和击球准确性。

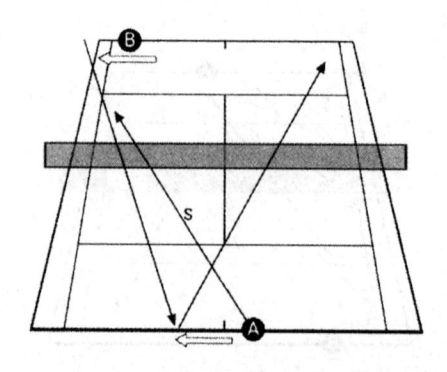

图6-92 大范围发球与接球反击训练

2.底线球战术的训练

（1）空位捕捉训练

球员A与B在斜线攻防中你来我往，持续4—6个回合。随后，B将球击向斜线区域的空位。A则利用上旋球的大角度迫使B远离场地中心，接着A瞄准B留下的空位，发起决定性的一击（图6-93）。一轮练习结束后，双方互换位置，继续这一训练。

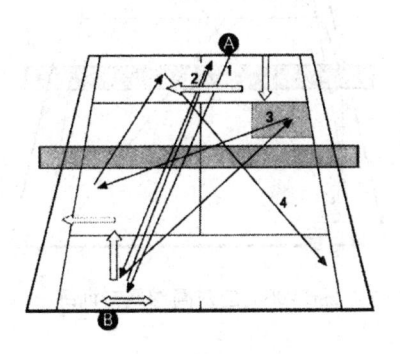

图6-93 空位捕捉训练

（2）斜线攻防得分赛

选手A向C发球，并立即展开斜线攻势（运用正手）。每当球落入指定阴影区域时，该队即获得一分。与此同时，选手B与D在另一侧斜线上进行相似练习（使用反手进行斜线攻击）。率先达到21分的队伍获胜。之后，两队交换场地，继续进行正反手斜线攻防练习（一区正手，二区反手），如图6-94所示。

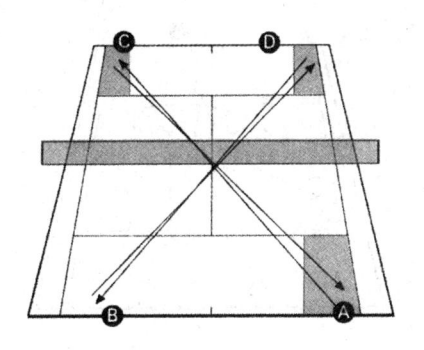

图6-94 斜线攻防得分赛

（3）应对高球截击训练

当对手尝试以高球回击时，迅速向前移动，在空中进行截击（图6-95）。对于单手握拍的球员，这是截击动作；对于双手握拍的球员，则可能更接近抽球。这一训练需反复进行，以提高应对能力。

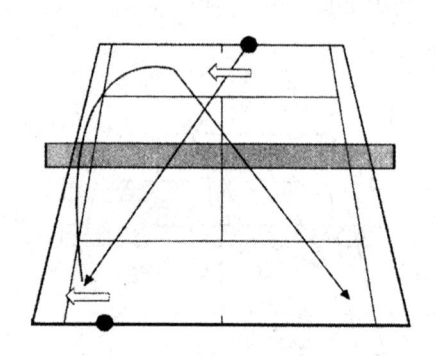

图6-95 应对高球截击训练

3.网前战术的训练

（1）四球循环训练

球员B首先向球员A发出一个力度较小的球，A随即以直线球回应，并迅速移动到网前。B再次以直线球穿越，A在网前以斜线球反击。接着，B将球挑高至A的反手区域，A迅速移动至高球位置，以斜线高压球精准击向目标T1（图6-96）。每完成一轮，其余两名队员则将接替A和B的位置继续练习。此训练需不断重复进行，以提升技能。

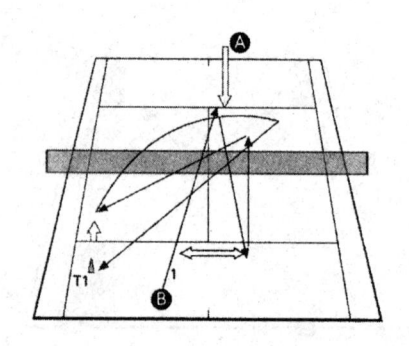

图6-96 四球循环训练

第六章 球类运动训练研究

（2）小角度截击训练

球员站在发球线后方准备。教练向球员A的正手位置送球，A迅速截击至目标T1。随后，教练送出一个浅高球，A立即以高压球击向目标T2（图6-97）。接着，其他球员依次进行练习。5分钟后，练习转至反手位置，继续这一组合训练。此训练应重复进行，以强化截击与高压球技能。

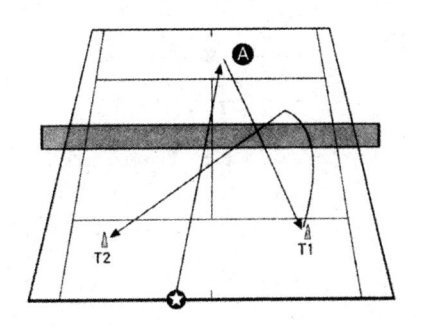

图6-97 小角度截击训练

（3）上两步或退三步训练

球员A、C、E位于同一半场，而球员B、D、F则在对面半场。球员应站在各自半场的中央以避免碰撞。首先，前场球员发出下手球，而底线球员则以高挑球或抽击球回应。网前球员根据球的落点，上前两步截击或后退三步击高压球，双方应尽量延长回合时间（图6-98）。球员A与B以及球员E与F在网前位置交替轮换，5分钟后，网前球员与底线球员互换位置。此训练需不断重复进行。

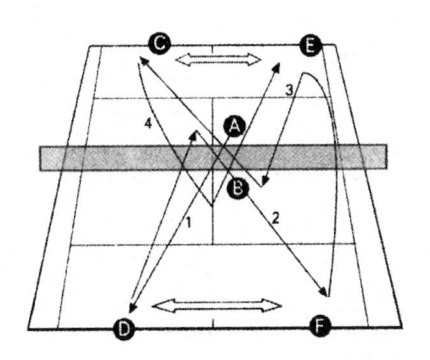

图6-98 上两步或退三步训练

（4）高球—低球训练

教练将球传至网前球员A的正手侧，若球飞越球网之上，球员A会以斜线或小角度斜线击回深球。若球低于球网，球员则以直线击回深球（图6-99）。持续练习直至能够打出制胜的截击球，随后交换位置，几分钟后开始练习反手。训练需不断重复进行。

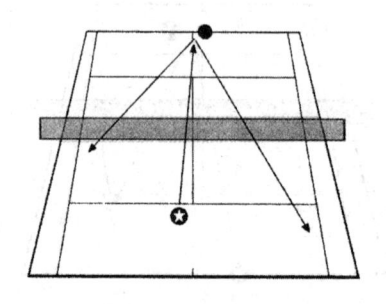

图6-99　高球—低球训练

4.防守战术的训练

（1）斜线深球随上与穿越球交替训练

球员A与B在正手侧半场展开激烈对攻。每当对攻进行到4—6拍，若A打出浅球，B便以斜线深球随上反击；而A则迅速调整，以小斜线穿越球作出回应（图6-100）。随后，其余两名球员接替A与B的位置继续练习。经过10次这样的练习后，改为直线穿越球的训练。再练习10次，防守方可根据场上形势，自由选择回击斜线或直线穿越球。

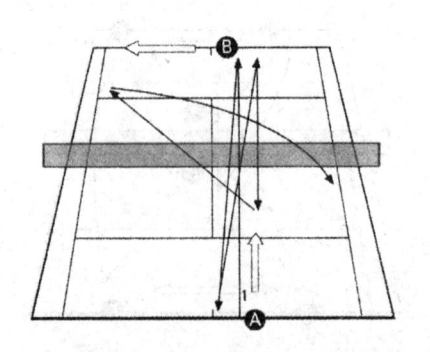

图6-100　斜线深球随上与穿越球交替训练

(2) 双球防守与转身挑高球训练

球员集中于场地一侧的底线与边线交汇处。教练连续横向发出两个球，球员需迅速反应，将这两个球分别回击至目标T1。紧接着，教练发出一个角度较大的回头球，球员需立即转身，快速移动到合适位置，将防守性挑高球精准回击至目标T2（图6-101）。5分钟后，球员转移到场地的另一侧，继续这一训练。此训练需重复进行，以强化球员的防守能力与转身挑高球的技巧。

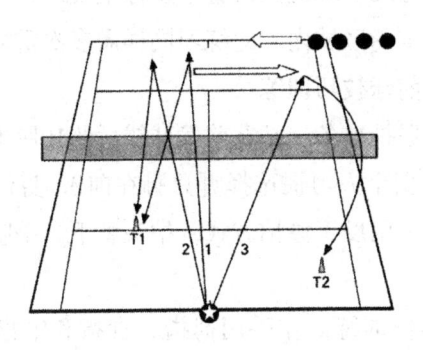

图6-101 双球防守与转身挑高球训练

二、羽毛球运动训练

（一）羽毛球运动技术训练

1.发球技术训练

（1）正手高远球发球强化训练

练习一：悬挂球定点训练。利用绳子将羽毛球悬挂在离地面约30厘米的高度。练习者站位稍偏球的左侧后方，确保球拍位于右前下方，准备以标准发球动作击球。挥拍时，需完成完整的发球及随挥动作。

练习二：全场对角线发球训练。练习者站在距发球线约1米处，靠近球场中线，采用正确的正手高远球发球技术动作，将球发至对面场地的对角线区域。

（2）正手轻挑网前球精进训练

练习一：前臂手腕力量控制训练。在正手发高远球基础上，减小拍子摆动幅度，主要依靠前臂与手腕的力量挥拍，并控制击球力度，使球轻轻过网。在击球后，需有效控制拍子的后续摆动。此练习需反复进行。

练习二：精准发球区域训练。在球网上方30厘米处设置一条标记线，同时在对方前发球线后方50厘米处也设置一条标记线。要求练习者将球准确发至这两个标记线所限定的区域内。此练习同样需多次重复。

（3）反手轻推网前球技巧训练

练习一：站位与握拍准备。站在前发球线后约10厘米处，靠近中线，双脚前后分开站立（根据个人习惯选择哪只脚在前），身体略微前倾，重心落于前脚。右臂弯曲，采用反手握拍方式，拍头朝下，手腕微向前屈，拍面置于身体左侧腰部下方。

练习二：发球动作训练。左手用拇指、食指和中指轻轻夹住羽毛球的二三根羽毛，球托朝下，球体或球托对准拍面。通过前臂和手腕的前推或横向切割动作，将球轻轻发至网前。此技巧需通过不断练习来掌握和精进。

2.击球技术训练

（1）中场平抽对练

两位球员站于场地中央，相互间以平抽球技法进行直线或斜线练习。在练习过程中，可适时调整握拍位置，更好地控制球路与力量。此练习需反复进行，以精进技术。

（2）后场扣杀强化

一位球员持续向后场发球，练习者先原地扣杀，逐步过渡到移动中的扣杀练习。初学者宜先掌握正手扣杀技巧，待熟练后再尝试头顶或反手扣杀。练习时，需留意球的落点与飞行线路的变化，以全面提升扣杀效果。此练习需多次重复，以巩固技能。

（3）防守扣杀实战模拟

在多球扣杀的情境下，加入接扣杀球的练习环节。可设定固定的扣杀球落点，让接球者专注于防守，或两人半场攻防交替，模拟实战场景。此练习旨在提升防守能力，需不断重复，以提高反应速度。

（二）羽毛球运动战术训练

1.高吊战术类配合训练

（1）对角线高远与直线吊球组合训练

开始时，甲方自右场区发射高远球至乙方对角线区域，乙方响应以同类型高远球返回甲方对角线。接着，甲方变换策略，将球吊至乙方直线区域，乙方则回以直线高远球。随后，甲方轻放直线网前球，乙方挑高直线球应对，甲方再次将球送至乙方对角线高远区。乙方保持节奏，继续回击对角线高远球。轮到甲方吊直线球时，乙方则以直线网前球回应，甲方最后以直线挑高球结束这一轮，乙方则以对角线高远球回击作为下一轮的开始（图6-102）。重复练习，直至熟练掌握。

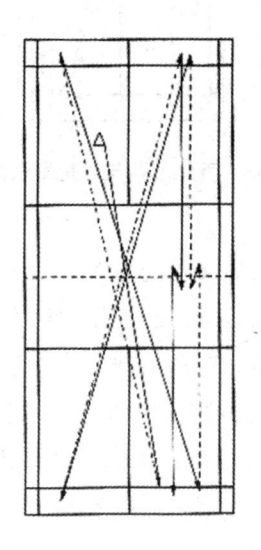

图6-102 对角线高远与直线吊球组合训练

（2）直线高球与对角吊球转换训练

双方交替练习直线高球与对角吊球，同时融入上网放网与直线挑高球的技巧。甲方先以直线高球发起攻势，乙方回以相同线路的高球。甲方再次送出直线高球，乙方则变换为对角吊球。甲方随后放直线网前球，乙方挑直线高球回应。甲方再次回击直线高球，乙方保持直线高球回击。当甲方吊出对角线球时，乙方以直线网前球作为回应，甲方则以直线挑高球重启循环，直至回到起始状态（图6-103）。此训练需不断重复，以强化战术能力。

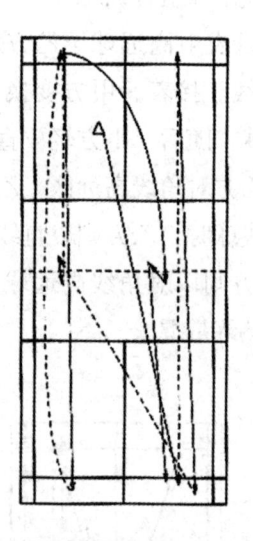

图6-103　直线高球与对角吊球转换训练

（3）对角高球与对角吊球交互训练

甲方在右侧场地发射高远球，乙方在对角线位置，接到球后以同样方式再传给甲方。甲方随后变换为对角吊球，乙方则挑起直线高球应对。甲方再次将对角高球送至乙方，乙方则以对角吊球反击。甲方最后挑起直线高球，乙方则继续以对角高球回击（图6-104）。这一系列的攻防转换需不断重复，直至双方都能流畅执行，形成默契的战术配合。

2.高杀战术类配合训练

练习者在同一时段内交替练习直线高球与对角杀球，同时融入挡球与挑球的技巧，这些球路的组合与直线高球及对角吊球的布局有异曲同工之妙（图6-105）。此训练需重复，以达到熟练运用的目的。

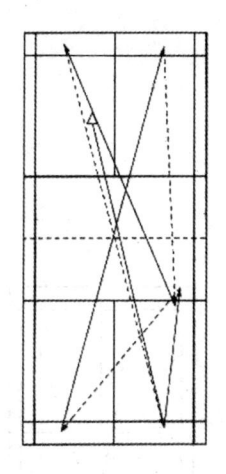

图6-104 对角高球与对角吊球交互训练 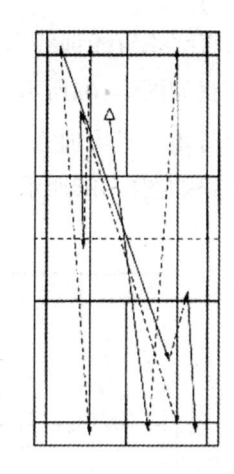　　图6-105 高杀战术类配合训练

3. 吊杀战术类配合练习

（1）直线吊杀斜线杀球训练

发球者从右侧区域发出高球，练习者首先进行直线吊球，对手则需将球挑回直线方向，随后练习者执行斜线杀球。通过这种方式，练习者能够锻炼吊球和杀球技巧。经过一段时间的练习后，双方角色互换，确保双方都能练习到吊球和杀球技术（图6-106）。

（2）吊对角杀直线训练

具体球路如图6-107所示。

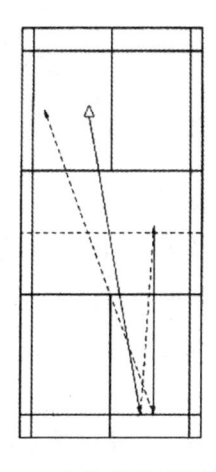

图6-106 直线吊杀斜线杀球训练 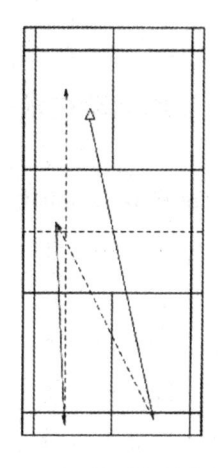　　图6-107 吊对角杀直线训练

（3）吊直线杀直线训练

具体球路如图6-108所示。

（4）吊对角杀对角训练

具体球路如图6-109所示。

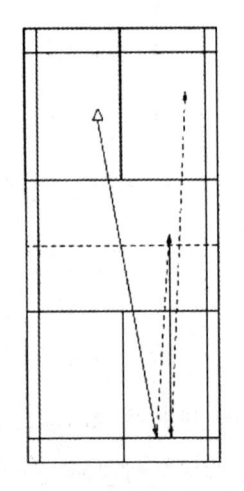

图6-108　吊直线杀直线训练 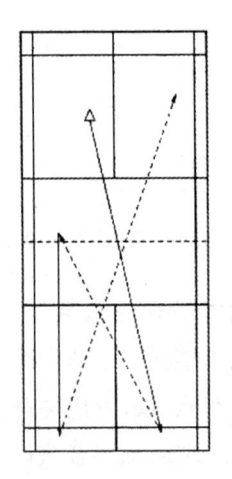　　图6-109　吊对角杀对角训练

三、乒乓球运动训练

（一）乒乓球运动技术训练

1.挡球、推挡球技术训练

（1）两位选手在台上进行互相推挡和击球练习，击球点不受限制，练习时必须确保动作准确，能够使球越过网。需要不断重复此训练。

（2）台上推挡配合训练，两位选手需维持固定的击球线路，反复进行一推一挡的练习，以增加默契。

（3）斜线、中路与直线的对推练习，两位选手需不断重复这一训练，以提高反应速度。

第六章　球类运动训练研究

（4）在台上的练习中，一人负责将球推至两个固定点，另一人则需精准地将球挡回至一个指定点，随后双方互换位置，继续这一训练，以提升灵活性与适应性。

2.攻球技术训练

（1）在双人练习中，一位选手负责自抛自打，另一位则以挡球的方式进行反击。经过一段时间的练习后，两人互换角色，继续练习。

（2）在双人对角练习中，一位选手使用正（反）手击球，另一位则以推挡的方式回应，练习一段时间后，两人交换位置，继续练习。

（3）在双人练习中，一位选手专注于一点攻击两点，两人交换角色练习。

3.发球与接发球技术训练

（1）台上双人对练，一方专攻发球多变，另一方则专注平挡回击，通过角色互换提升各自技能。

（2）指定线路发球与接发球技术对抗，一方发固定球，另一方需运用攻球、搓球或削球回击，强化应变能力。

（3）双人对练，一方发球，另一方则以多样技术应对，角色互换后继续深化练习，提升全面能力。

（4）记分比赛，每五球或一局后互换角色，专注各自技能提升，通过重复训练巩固基础。

4.弧圈球技术训练

（1）一方发球，另一方专注拉弧圈球练习，交替进行，深化技术理解。

（2）直线或斜线挡球与连续弧圈球对练，双方互换角色，提升弧圈球技术的连贯性与稳定性。

（3）对搓后立即拉弧圈球的转换练习，双方互换位置，强化技术转换的灵活性与准确性。

（4）结合发球抢攻、接发球抢拉及弧圈球拉攻，穿插扣杀练习，通过不断重复，提升实战应用能力。

5.搓球技术训练

（1）发出下旋球，对方搓球，角色互换，强化搓球控制力。

（2）发出下旋球后，双方交替搓球至中路直线与斜线，提升线路变化能力，训练需重复进行。

（3）一方发下旋球，另一方用正手搓至对方两点，再用正反手搓至对方正手一点，互换角色后继续练习，增强搓球的多变性。

（二）乒乓球运动战术训练

1.单个战术训练

举例来说，面对擅长正手强力攻击的选手（无论是利用弧圈球还是快速抽击），有效的战术是首先控制其反手边线的位置，随后诱导其暴露正手侧的破绽，并最终再次压制反手区域。这一过程需不断重复训练加以巩固。

2.加入辅助设备的训练

在乒乓球日常战术训练中，辅助设备的使用相当普遍，它们为训练提供了多样化的方法。具体而言，这些训练方法涵盖了多个方面。

（1）调整球网高度练习

提升球网法：略微提升球网（大约1厘米），进行预定练习。这种训练方式的主要效果是：能够提升击球弧线的弯曲程度，对于那些击球弧线过于平直的选手来说，这种方法非常有帮助。

降低球网法：通过适度调低球网的高度，并依据预设的训练计划进行练习。这种方法尤其适用于削球与搓球技术训练，其优势在于能有效降低击球时的弧线高度。

（2）网上直线引导训练

在球网上方增设一条细线，位于网中央约5厘米处，要求所有击球动作须精准穿越此线。此训练策略常用于提升搓球技术水平，其显著成效在于帮助球员更好地调控击球弧线的高低。

（3）拓宽球台步法训练

将标准球台的一侧替换为半台面或连接额外的台面，从而拓宽整个练习区域。这种创新的训练模式主要用于步法移动训练，其目的在于增强球员在更广阔空间内的移动灵活性与移动速度。

3.意念打球训练

意念打球的训练方法主要有以下几种。

（1）心灵预演训练

在心中构想对手发出的各类球路，并随之构想自己迅速且精准地作出反击的场景。此外，还可以单独构想自己执行快速手法变换或步法移动的情景，以此锻炼反应速度。

（2）积极心态抢分法

这是一种适用于乒乓球日常训练的激励手段。在每次得分之前，练习者可以在心中默念（或轻声自我激励）："全力以赴，拿下这一分！"随后，集中全身精力，以最佳状态去争取每一个得分机会，培养信心。

（3）反思式间歇练习

在打球训练的间隙（如捡球时或专门安排的短暂停顿），回顾自己的动作，而非仅仅进行无意识的重复练习。应专注于回忆并强化正确动作的肌肉感觉，同时分析失误的原因，并思考如何调整策略以提高表现。

4. 实战模拟训练法

实战是检验训练成效的最佳途径。以下是几种常用的实战模拟训练方法。

（1）环境适应性赛事演练

为了应对大型赛事的挑战，可以组织特定赛事来模拟真实比赛环境。这包括两种策略：一是完全复刻即将参赛的赛制、设备（如球台、用球）及比赛方式，进行实战模拟；二是选择地理位置、气候条件与参赛地相似的地方举办赛事，让运动员提前适应环境。

（2）技能差距挑战赛

根据参赛双方的实力差异，设定一定的分数差距作为比赛起点，如让分赛制，从一方领先0：3或6：9开始比赛，以此增加比赛的悬念和挑战性，同时锻炼运动员在不利条件下的竞技心态和应对能力。

（3）快节奏启动训练

鉴于11分赛制对运动员快速进入状态的要求，可以在热身之后，大幅缩减常规练球时间至1—2分钟，随即进入正式比赛，以此锻炼运动员的实战能力。

四、台球运动技术科学训练

（一）握杆

1. 球杆平衡点的掌握

一般而言，球杆的平衡点会落在其尾部的1/4—1/3，即从杆头算起大约40厘米的位置为理想的握杆点。不过，实际握杆位置还需根据主球至库边的距离、所需力度等因素灵活调整。同时，个人的身高差异和球杆长度也会影响握杆点的选择，需作出相应调整以确保最佳操作。

2. 灵活的握杆技巧

握杆时，需确保手腕的灵活性，拇指与食指轻轻相扣于虎口处，仿佛构成一个小小的吊环支撑，而其余三指则保持自然放松的握持状态。在挥杆击球的过程中，手腕进行前后摆动，利用腕部力量推动球杆，将球击出。这种握杆方式确保了手指、手腕乃至整个手臂的适度松弛，使得在挥杆过程中动作更加流畅，能够精准感知杆头与球接触的瞬间碰撞，为手指、手腕及手臂的肌肉带来更为准确的反馈，从而有助于技术动作的精准掌握。

（二）身体姿势

击球的方向深受站位和身体姿态的影响，确保身体姿势正确是精准击球的前提。因此，在台球训练中，掌握正确的身体姿势至关重要。

1. 站位技巧

（1）右手须稳稳握住球杆，面对球台，确保身体正对目标球方向。

（2）球杆应保持水平，直指目标球，且与球的预期行进路线重合。

（3）球杆头部与目标球之间的距离应控制在10—20厘米。

（4）右手拇指应与裤子的侧边线平行，以辅助维持身体的平衡。

2. 身体姿态与调整

（1）选定站位后，右手握杆保持稳定，左脚与肩同宽，脚尖平行或略向前移。

（2）左膝应轻微弯曲，右腿保持挺直，右脚位于握杆手的内侧，脚尖自然向前，而左脚尖可略向外展。

（3）躯干姿态方面，上身应稍前倾，头部略抬，下颌几乎接触球杆，双眼沿球杆方向平视瞄准。

（4）瞄准时下颌应对准球杆的中轴，双眼水平向前注视，确保面部中心（包括鼻子、嘴巴和下颌）与球杆及右后臂在同一垂直面上，以保证击球的准确性。

（三）瞄准

在击球前的准备阶段，掌握正确的瞄准技巧与确定合适的瞄准点是高质量击球的首要条件。瞄准的过程中，应确保眼睛、主球以及目标球三点一线，球杆则需紧随视线移动，最终确保击球瞬间球杆、主球和目标球保持在同一直线上。瞄准点的选择至关重要，它通常位于目标球后方，距离约为一个球半径的位置，视觉上仿佛目标球身后拖着一条细长的"尾巴"，这种形象化的瞄准方法被形象地称为"尾巴瞄准法"。

（四）架杆

球杆的稳定支撑离不开正确的架杆技巧，它关乎杆头在击打主球时的精确接触点。架杆是实现精准击球不可或缺的一环，主要分为手架杆与使用架杆工具两种方式，这里着重介绍手架杆。

手架杆的常见手法分为平卧式与环扣式两种：

1.平卧式手架杆技巧

首先，将手掌平铺于桌面，掌心向下，手指自然张开，食指稍向外移，拇指则抬起，以其第二关节紧贴食指根部，形成一个稳定的凹槽，供球杆平稳放置并顺畅滑动。在此过程中，食指、拇指、手掌内外侧及掌根共同支撑。练习时，需时刻检查架杆手是否紧贴桌面，避免手掌翻转，确保支撑的稳定性。特别地，掌根、小指、食指及拇指的大鱼际应紧密贴合桌面，防止架杆左右晃动，确保架杆的稳固性。

2.环扣式手架杆技巧

手掌平放桌面，手指略微向内弯曲，中指、无名指及小指以外侧与掌外侧及掌根形成支撑三角。拇指与食指相扣，形成一个直角环，确保球杆穿过环中并保持直角状态。中指与拇指共同维持球杆在前后移动时的稳定性。在运用环扣式手架杆时，手指需微向内屈，拇指与食指形成的环与球杆保持直角，同时中指、无名指及小指提供坚实支撑，确保架杆稳固。

（五）击球

1.杆法练习

选定主球击打位置后，反复进行杆法的前后摆动练习。练习时，身体需维持静态，杆动的幅度需依据击球力量需求及杆头至球的距离调整，确保摆动过程平稳，以达到出杆前的稳定性要求。

2.击球动作的精准执行

击球动作直接影响击球成效。这一动作在后摆停顿后展开，以前臂为钟摆，肘部为固定轴，在固定轨迹上前后摆动。手指与手腕在拉杆与出杆时的精细调整，维持了球杆在运动中的水平状态。其间，肩部避免额外施力，大臂保持稳定。击球瞬间，手腕力量需依据需求精准控制，防止过度抖动影响击球精度。出杆时，肩部和身体放松，动作果断明确，即便是轻柔击球亦须如此。

3.流畅的随球动作

击球后的随球动作旨在确保击球力量充分传递至主球，并保持击球动作的连贯性，是击球过程中不可或缺的一环。

4.击球的技巧

（1）直线击球

直线击球是台球的基本功，但是习得并不容易，需要掌握正确的握杆姿势、寻找击球点的方法，以及合适的击球力度，以上技巧都需要进行大量的练习才能获得。直线击球入袋干净利落，反映出击球者扎实的基本功和冷静的球风，这是学习台球时最早学习的技术之一。

（2）偏斜击球

偏斜击球在直线击球的基础上提高了技术的难度，也提升了观赏度。偏斜击球主要是指用主球撞击目标球的侧面，根据击球的力度和角度不同，可以分为薄球技法和厚球技法。练习偏斜击球需要计算瞄准点的位置。

五、高尔夫球技术科学训练

（一）握杆

在高尔夫运动中，掌握恰当的握杆技巧对于手臂力量的发挥以及对击球力度与方向的精准控制起着决定性作用。握杆作为高尔夫运动的基本功，其技术方法多样，以下是几种主要的握杆方式。

1.重叠式

重叠式握杆在高尔夫赛场上屡见不鲜，备受球员青睐。

以左手握杆为例：掌心贴柄，手背向目标，食指关节斜穿掌心，指间自然固定杆，拇指伸展压柄右，与食指形成"V"形。

2.互锁式

互锁式握杆技巧特别针对手掌较小或力量稍弱的女性设计。此时，左手的握姿遵循与重叠式相似的原则，而右手的小指巧妙地穿插进左手食指与中指的空间中，与左手食指形成锁扣结构。这种握法的独特之处在于双手间的紧密互锁能显著增强整体握持的一体化感觉，并有效调动右手的力量潜能。

3.全指握法

全指握杆方式更适合手掌偏小、力量较弱的年长者以及女性。在此握法中，双手掌心相对但不重叠，十指全部参与握杆，模仿棒球投手的握棒技巧，其中右手小指轻贴左手食指。这种握杆方式能让球手充分发挥右手臂的力量优势。然而，由于双手间缺乏任何形式的交叉或锁定，可能会削弱双手间的协同一致性，从而不易控制球的飞行方向。

（二）击球准备

1.脚位

（1）标准脚位

标准脚位，即球手的脚尖连线与击球方向保持平行。在使用任何球杆进行全力击球时，标准脚位都是适用的（图6-110）。

图6-110　标准脚位

（2）开脚位

球员的左脚稍微置于右脚之后，这种姿势通常用于使用短铁杆打出高飞球或者故意击出右曲球的情形（图6-111）。

图6-111　开脚位

第六章　球类运动训练研究

（3）闭脚位

在这种站位中，球手的右脚会略微后撤，放置在左脚的后面，双脚脚尖的连线会朝向目标的右侧方向。这一站位策略常被应用于木杆开球、球道上的远距离击球，或是刻意制造左曲球的情形中（图6-112）。采用这种站位，球手的左肩在引杆阶段能够获得更大的内旋幅度，不过，这也可能促使挥杆路径呈现由外向内的趋势，进而增加打出左曲球的概率。然而，值得注意的是，封闭式站位在促进身体在下挥杆及击球时的回旋动作方面，可能不如其他站位方式有利。

初学者在学习击球的预备动作时，应从标准脚位开始练习，因为标准脚位作为击球技术的根基，比较容易学习，并且有助于动作的协调与规范，为今后技术的提升奠定坚实的基础。

图6-112　闭脚位

2.球的摆放位置

在击球准备阶段，球的摆放位置，即球位，是球手必须精心考虑的一环。它与脚位和所选球杆之间存在着密切的关联。当球手握紧球杆，稳定左脚站立于预设击球点时，球通常被放置在左脚附近。此外，球杆的长度也是一个重要的考虑因素：球杆越短，两脚间的距离就会相应缩小，球与球手的距离也会随之拉近。

3.身体的站位与姿态

在握紧球杆后，球手需将双臂自然向前伸展，让球杆的末端轻轻触地。双脚分开，间距大致与肩同宽，确保身体的重量均匀分布在两脚。上半身需保持轻微的前倾，同时背部要挺直，头部自然下垂，以便视线能够清晰地落在杆头上。膝盖和髋部都应略微弯曲，使身体整体向目标方向倾斜。

在练习过程中，球手需要时刻关注并维持身体各部位的位置。例如，脚尖、膝盖和肩膀的连线，应尽量与球的预期飞行轨迹保持平行，以确保身体的基础姿势在整个击球过程中始终保持稳定。

（三）瞄准

在准备击球时，首要任务是保证球杆面与目标方向精准对齐，随后依据这一基准来调整个人的体态、站位及各个相关部位。理想的瞄准状态是：球手应站在球的后方，双脚脚尖的延伸线需与目标线保持平行状态，同时双臂向前平伸，形成一条直线，确保右臂、球以及目标三者处于同一直线上。为了更精确地瞄准，可以额外使用一支球杆平置于地面，作为目标方向线的参考，同时确认手中握持的球杆击球面正对球体中心。

（四）挥杆击球

1.启动挥杆

在进行挥杆时，保持身体垂直轴线的稳定性至关重要，整个身体需流畅而匀速旋转，手臂的动作亦需协调且从容。

（1）后撤引杆

在这一阶段，杆面需精确指向球的后侧，双臂与肩部应维持一个稳固的三角形结构，将杆向后拉约30厘米的距离，同时保持头部与肩部的静态稳定。随着身体的重心由左向右转移，上半身向右侧后方充分扭转，进入一种身体充满张力与蓄势待发的状态。在此之后，依据个人习惯，一些球手的右腿可能会相对伸展，重心偏高；而另一些则可能选择弯曲右腿，重心偏低。

（2）上升挥杆

后撤与上升挥杆动作之间衔接紧密。在上升挥杆过程中，继续巩固肩部与双臂的三角形关系，左肩随之向右旋转，杆头引领双臂的运动轨迹；左臂保持伸展，右上臂则相对固定，右腋下保持收紧状态。头部与脊柱的运动需保持一致，双眼紧盯球体，下颌微微上扬并向右侧倾斜，直至左肩旋转至下颌下方。

2. 下挥杆动作

重心左移，左腿支撑、右腿蹬地及髋前送。手臂下垂旋转为击球做准备，增加臂力。右腿发力推髋，拉紧内收肌和股四头肌驱动髋部；腰部反扭转复位；左肩协同下肢腰部左旋，拉引杆左臂为杠杆下拉球杆。重心偏左时，右肘转至右髋，杆头保持在后方。

3. 触球瞬间

在挥杆过程中，让球杆的头部顺畅地穿越球体，而非用力直击，这是击球的关键。当杆身下落接近球约30厘米处，手腕需迅速翻转，为触球做准备。此时，双臂正蓄势待发，球杆头部以极致速度抵达挥杆轨迹的最低点——球的正上方，球杆与球接触的刹那，产生的强烈冲击力将球弹射而出。触球时，应追求击中球的中心"甜蜜区"，同时保持头部稳固，目光锁定球体。准确击中球心，方能确保球沿直线飞行；若击中球顶，球将弹跳入土；若击中球侧，则球将偏离目标，飞向球道一侧。

4. 后续摆动

击球之后，球杆因惯性继续摆动。此刻，身体重心缓缓移向左腿，右脚跟离地，右膝向左膝靠近，借助右脚推力，腰部继续左转。身体继续围绕中心轴旋转，杆头引领下，右臂逐渐展开，右肩逐渐与目标方向对齐，杆头大幅挥向目标。整个过程中，头部保持平稳，视线始终向前。

（五）推杆

准备挥杆时，双脚自然分开，与肩同宽或根据个人体型稍作调整，确保身体重心能够均衡地分布在两只脚上，为接下来的动作做好准备。膝盖应微微弯曲并向前轻微凸出，这不仅能够提供足够的弹性，还能形成稳定的支撑基础，帮助运动员在挥杆过程中保持平衡。

上半身则呈现出微微前俯的姿态，背部自然挺直但不僵硬，肩膀放松下沉，使得肩部、手臂与手部动作能够协调一致，形成一个从肩到手指都流畅衔接的整体，有助于力量从腿部通过躯干顺畅地传递到球杆上。

在挥杆的动态过程中，头部的位置至关重要，它需保持稳固不动，如同一个固定的参照点，防止身体因紧张或动作不当而无意识地抬升，从而影响挥杆路径的准确性。稳定的头部位置有助于眼睛持续锁定目标，确保挥杆方向与预期目标一致。

击球瞬间，需控制推击的轨迹，使之与球杆面接触球体后球体离地的理想高度相匹配，这样，球在飞行过程中就能形成一条既平滑又符合预期的弧线。推杆的速度需维持在一个均匀且受控的范围内，既不过快导致力量失控，也不过慢影响击球距离，确保球在被击打时能够以稳定而适中的力量被送出。

第七章　其他项目科学训练探索

除田径和球类项目之外，还有像游泳、体操、跆拳道，以及一些传统体育项目也具有重要价值，对促进学生综合体能的提升和运动能力的发展具有不可替代的作用。因此，对这些项目的训练也不应忽视，本章将探索这些项目的科学训练方法和技巧。

第一节　体操项目科学训练探索

一、平衡与造型类训练

（一）头手倒立

1.动作要领

蹲立起始，十指如花瓣般展开并向前撑于垫上，两手之间的距离保持与肩同宽，确保稳固支撑。随后，缓缓伸直两腿，屈臂的同时臀部上提，重心前移，直至前额轻轻触碰两手前方的地面。此时，两手需用力推撑地面，持续前移重心，待双脚离地后，髋关节展开，最终形成头手倒立的姿势，整个身体如同优美的弧线，展现着力与美的和谐。

2.练习提示

（1）在练习过程中，建议多次进行短时间、高强度的练习，以达到提升能力的目的，但要避免因过度练习而导致身体疲劳。

（2）当头手支撑身体时，务必用力伸展肩颈，确保头、颈、肩三点形成稳固的支撑三角，这样不仅可以提高动作的稳定性，还能减轻不必要的身体压力。

（3）若在练习过程中失去平衡，即将倒下时，切勿惊慌，应迅速低头、含胸、屈髋，使身体自然倒地，以最大程度地减轻意外带来的伤害。记住，安全永远是第一位的。

（二）肩肘倒立

1.动作要领

首先，采取直角坐姿，上体微微前倾。随后，以流畅的动作向后滚动，同时利用这个翻滚的势头，迅速收腹并向上举起双腿，并用力翻转臀部。在

第七章　其他项目科学训练探索

此过程中，两臂应稳稳地压在垫子上，以提供必要的辅助力量帮助完成翻臀动作。当膝盖移动到头部上方时，要顺势向上伸展髋关节，同时两臂屈肘向内夹紧，手掌心向内、虎口向上，稳稳地支撑在腰背两侧，最终形成一个标准的肩肘倒立姿势。

2.练习提示

（1）为了熟练掌握这个动作，建议反复练习前倾后倒的动作。在练习过程中，要注意两脚同时上举、后伸，并确保脚尖能够触及垫子，以增加动作的准确性和稳定性。

（2）当两手撑在背后时，可以依次向上伸展两腿。初始阶段，膝盖可以稍微弯曲以降低难度。随着熟练度的提高，可以逐渐尝试伸直膝盖，以提高训练效果。

（三）单臂屈肘支撑俯平衡

1.动作要领

在进行该动作时，起始状态应为俯撑，身体紧绷并保持稳定。接着，左侧（或右侧）的肘部应当轻轻弯曲，此时需要用此弯曲的肘部去稳固支撑起同侧的腰腹核心区域，确保重心稳固。同时，双脚和右（或左）手需要离地，仅依靠单臂的屈肘状态来维持整个身体平衡，呈现出一种独特而稳定的俯平衡姿势。

2.练习提示

（1）基础训练的必要性：在尝试此动作之前，要确保你已经具备了一定的单臂俯卧撑的基础。这是因为该动作需要较强的上肢力量和核心稳定性，而单臂俯卧撑正是锻炼这些能力的有效手段。

（2）持之以恒地练习：为了保持健美的体形，这一动作并非一蹴而就，而是需要长时间的坚持和反复练习。只有通过不断训练，才能让你的身体逐渐适应这种高难度的动作，并塑造出更加完美的身体线条。

二、滚动与滚翻类训练

（一）左、右滚动

1.动作要领

采取直体仰卧姿势，手臂自然弯曲置于胸前。开始时，以右肩为轴向左拧转，同时带动整个身体向左侧方向翻滚。在此过程中，右肩发力，腰部紧绷，双腿并拢以保持身体的稳定性。当翻滚至左侧极限位置时，以左肩为轴向右拧转，再次带动身体向右侧方向翻滚。若想增加难度，可尝试在翻滚过程中抱腿进行练习，这将进一步增强身体的协调性和力量控制能力。

2.练习提示

（1）在练习过程中，可以巧妙地利用脚跟蹬垫的反弹力，使身体更加流畅地完成翻滚动作。

（2）在初步练习阶段，不建议全力投入，而应着重于体会身体在翻滚过程中的协调性，逐步掌握正确的翻滚技巧。

（3）为了巩固练习效果，建议连续进行8—10次翻滚练习。同时，也可结合前后的翻滚动作进行练习，以增强全身的灵活性和平衡感。

（二）前、后滚动

1.动作要领

在练习时，应首先采取直角坐姿，确保身体稳定。随后，头部微微低下，背部形成圆滑的弧线向后倾倒，腰部和背部需依次贴近垫子。与此同时，膝盖弯曲并向上抬起腿部，双臂则可以选择上举至头顶或自然地置于身体两侧。当身体倒至极限时，需迅速向前上方伸展髋关节和膝关节，利用这股力量顺势向前倾倒。在此过程中，腰部要收紧，腹部要内收，头部要挺直，以协助上半身的抬起。两臂在此过程中保持不动，以维持身体的平衡。最后，缓慢恢复到起始的直角坐姿。

第七章　其他项目科学训练探索

2.练习提示

（1）在练习过程中，需要细细体会动作的节奏和肢体的感觉，确保每一个步骤都能准确无误地执行，以达到最佳的练习效果。

（2）当腿部伸直向后倾倒时，上半身应适当前倾，以保持身体的平衡。当臀部触及垫子时，上半身应向后倾倒，同时双臂向上举起，以增加动作的幅度。

（3）为了增强练习的效果，可以连续进行10次左右的练习，并可以结合左右滚动的动作进行交替练习，这样不仅可以增加练习的难度，还可以更加全面地锻炼身体的各个部位。

三、起跳训练

（一）原地起跳

1.动作要领

稍弯曲两膝，两脚猛然蹬地，与此同时，两臂以弧形轨迹向上摆动，为跳跃提供额外的动力。当身体腾空而起时，含胸、梗头，使颈部保持挺直，同时腰部保持挺直状态，以确保整个上体在空中的姿势端正、优美。

2.练习提示

（1）双脚蹬地技巧：在起跳时，双脚应当有力地蹬地，如同弹簧般积蓄力量，瞬间释放。同时，髋部和膝关节要迅速发力，协同完成这一动作，使跳跃更为高效、有力。

（2）双臂与上身协同：双臂在起跳时应积极、有力地向上摆动，这样不仅能增加起跳的高度，还能帮助身体在空中保持平衡。同时，梗头、含胸的动作也是关键，它们能确保你的颈部和胸部在跳跃过程中保持正确姿势，避免受伤。

（二）一步起跳

1.动作要领

在执行这一动作时，首先要确保一腿迅速向前摆动，与此同时，另一腿则用力蹬地，使身体获得足够的推力。蹬地的距离大致为50厘米，以保证力量的有效传递。当两腿在空中并拢时，前脚掌应继续用力蹬地，以维持身体的平衡。同时，两臂应向上摆动，与腿部的动作相协调。在这个过程中，要保持含胸、梗头、立腰的姿势，使整个身体呈现出一种积极向上的状态，从而顺利完成向上跳起的动作。

2.练习提示

（1）起跳时，要追求快速而有力的效果。这不仅需要腿部肌肉的爆发力，还需要身体的整体协调性。只有这样，才能在最短的时间内达到最大高度。

（2）在整个动作过程中，身体应保持适度的紧张状态。这有助于更好地控制身体的平衡和稳定性。同时，两臂的摆动也要积极向上，与腿部的动作相协调，共同为身体的上升提供动力。通过不断练习和调整，你会逐渐找到最适合自己的动作节奏和力量分配方式。

（三）三步起跳

1.动作要领

在迈出两步的过程中，首先要专注于第一步，确保一只腿向前摆动，而另一只腿则用力蹬地，离地约70厘米。完成这一动作后，蹬地的腿需迅速靠拢至摆动的腿，通过前脚掌的蹬力，为身体提供向上的推动力。同时，双臂要随着身体的动作向上摆动，呈现出含胸、梗头、立腰的姿态，以便更为流畅地完成向上跳跃的动作。

2.练习提示

（1）为了更好地掌握这一动作，可以先进行单次练习，熟悉每一个步骤和细节后，再尝试连续地练习，以逐渐提高动作的连贯性和稳定性。

（2）在起跳时，要确保腿部动作迅速而有力，两腿并拢的同时，借助地面的反作用力，让身体更为轻盈地向上跳跃。

（3）在摆动双臂时，要挺直腰部，形成一个协调的动作链，这不仅有助于增加跳跃的高度，还能使整个动作看起来更为流畅和优美。

四、一般跳跃训练

（一）助跑垂直跳

1. 动作要领

在助跑的过程中，首先确保一腿有力地前摆，而另一腿则紧紧蹬地，为起跳提供足够的动力。与此同时，双臂向后自然摆动，以增强身体的协调性。当蹬地腿迅速向摆动腿并拢时，身体应微微后倾，以便更好地利用惯性。紧接着，前脚掌应果断地向前下方踏板，用力精准。此时，双臂应迅速上举，同时身体含胸，梗头，立腰，以此保证整个身体的稳定性和获得向上的动力，从而顺利完成起跳动作。

2. 练习提示

（1）对于初学者来说，可以先从简单的连续并腿跳前进练习开始。这种练习方式有助于熟悉起跳时的腿部动作和身体的协调运动，为后续进行更复杂的练习打下基础。

（2）原地手臂上举并起跳练习也是一个非常实用的方法。在保持身体稳定的前提下，尝试将双臂上举，并在此基础上起跳。这样的练习可以帮助更好地感受起跳时双臂的作用，并加强对身体向上起跳的感知。

（二）助跑屈腿跳

1. 动作要领

在助跑的过程中，需控制好身体的节奏与力量。首先，一腿以流畅的动作向前摆动，而另一腿则稳固地蹬地，推动身体前进。同时，两臂自然后引，以增加起跳的力量。然后蹬地腿迅速地向摆动腿靠拢，使身体呈现一种自然的稍后倾状态。此时，前脚掌应像锋利的刀刃般，用力向前下方踏板，同时双臂迅速上举，身体应含胸、梗头、立腰，形成一股向上的力量，使身体轻盈地跃起。当身体即将到达最高点时，膝盖应迅速弯曲，使大腿贴近胸部，然后利用这股力量，伸展身体，平稳落地。

2.练习提示

（1）为了提升团身跳能力，建议在地上连续进行团身跳前进的练习。这种练习不仅可以增强跳跃能力，还可以帮助熟悉空中的身体姿态调整技巧。

（2）由高向低跳下的屈腿跳练习，则是一种挑战身体平衡和力量的方法。在跳跃过程中，需要精准控制自己的身体，确保在屈腿的同时，能够平稳地降落在地面上。这种练习对于提高跳跃能力和身体控制能力大有裨益。

（三）助跑跳转180°或360°

1.动作要领

在助跑的过程中，一腿需要前摆，而另一腿则用力蹬地，同时两臂向后牵引以维持身体平衡。随后，蹬地腿要迅速地向摆动腿并拢，同时身体应微微后倾以积聚力量。此时，前脚掌要用力向前下方踏板，产生足够的推动力。当身体接近顶峰时，应向转动的方向梗头，并同时将同侧的胳膊向上抬起。另一只胳膊则自然地伸向转动方向的腋下，以维持身体的平衡与协调。这时，头、肩、臂要协同工作，带动身体沿纵轴转动180°或360°。完成转动后，应展肩放松，为接下来的缓冲落地做好准备。

2.练习提示

（1）为了熟悉转体的动作，可以先从原地开始，尝试进行180°或360°的跳转练习。这样可以帮助你掌握转体的基本技巧和节奏感。

（2）在掌握了原地跳转的技巧后，可以尝试从高处向低处跳下进行跳转练习。这种练习方式可以增加跳跃的初速度和高度，使转体动作更加流畅和有力。

五、跳山羊训练

（一）分腿腾越

1.动作要领

站立挺直，加速冲刺，积极主动地踏上起跳板，以快速且有力的动作完成踏跳，确保踝关节与膝关节完全伸展至极限。在跳跃的同时，腰部收紧并提升臀部，身体略微前倾，向斜上方腾空而起。双臂向前伸展，稳稳地支撑于山羊跳箱之上，双腿则轻微后摆。在空中保持腰部紧绷，髋部稳固，双臂用力向下前方推顶肩部，增强支撑力量。紧接着，双腿向两侧分开，臀部略提且髋关节弯曲，迅速对腿部进行制动；与此同时，另一条腿迅速上提并完成急促有力的振动上抬动作，髋关节充分展开，最终以伸展姿势平稳落地。

2.练习提示

在完成山羊分腿腾跃这一体操动作后，推手动作必须要迅速而有力。在这一关键时刻，迅速地将双臂上扬，双手在空中击掌，展现出一种力与美的结合。紧接着，利用这一推力顺势下落，整个动作流畅自然，一气呵成。

（二）屈腿腾越

1.动作要领

该动作与分腿腾越在基本形态上保持一致，但在执行时有几处差别。首先，在推手的瞬间，需要提臀，紧接着迅速屈腿，并将膝盖向上提起，形成一个紧凑的团身姿势。完成推手动作后，两腿迅速向下伸展，与此同时，上半身迅速向上移动，双臂则应在身体两侧摆动，助力身体完成流畅的伸展，并最终平稳落地。

2.练习提示

（1）为了增强身体的协调性和团身跳跃的能力，建议在原地进行连续的团身跳练习。这样不仅可以熟悉动作流程，还能锻炼肌肉的快速反应能力。

（2）为了模拟向前跃起和推手成蹲立的过程，建议在体操垫上进行向前跃起远撑推手的练习。这种练习方式有助于理解动作中的空间感和身体力量的运用。

（3）从高处跳下进行团身伸展的练习是提升实际操作能力的关键方法。在此过程中，保护者应站在练习者落地点的一侧，以便在必要时为练习者腹背部提供支撑与保护，同时也可提供必要的帮助，确保练习过程安全和有效。

第二节 游泳项目科学训练探索

一、蛙泳技术训练

（一）身体姿势

在蛙泳过程中，身体的姿势是不断变化的，这种变化与呼吸、腿部及手臂的周期性动作紧密配合。在一个完整的动作循环里，当双臂前伸且双腿向后蹬直并拢时，游泳者的身体近乎水平俯卧，头部被双臂紧紧夹住，目光聚焦前下方，腹部与腿部维持在同一水平线上，手臂贴近水面，身体纵轴与水平面之间保持着5°—10°的微小夹角（图7-1）。[①]这种姿势能最大限度地减少水中的阻力。为了达成这一目标，游泳者需确保胸部自然挺起，腹部轻微内收，双腿紧密并拢，脚尖绷直，双臂尽可能向前延伸，使全身形成一条流畅的直线。其间，身体还会有规律地上下波动。特别是在划水和吸气时，上半身会微微上抬，肩背露出水面，此时躯干与水面之间的夹角会增大（图

[①] [美]马格利索.游得最快[M].温宇红，等译.北京：北京体育大学出版社，2014：67.

第七章　其他项目科学训练探索

7-2）。而当双臂再次前伸，双腿向后蹬夹并拢后，肩部会随着头部低下而重新潜入水中，身体则继续保持流线型姿态向前滑行。

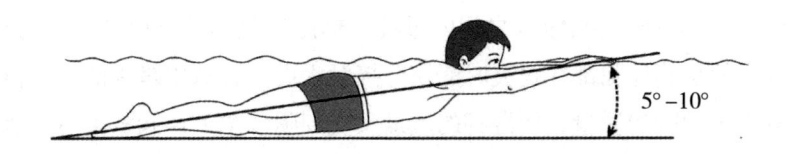

图7-1　身体姿势

图7-2　划水和吸气时的姿势

对于刚开始学习蛙泳的学员来说，在练习时，不必刻意追求划水和吸气时身体的上扬。因为过分地抬头或挺胸会使得腿部下沉，从而加大身体与水面所成的角度，这样一来，身体在前进过程中所遇到的阻力也会随之增大。

（二）腿部动作

蛙泳的腿部动作包括收腿、翻脚、蹬夹及滑行四个紧密相连的阶段。

1.收腿阶段

游泳者需轻轻下蹲，膝盖自然向两侧分开。随后，小腿向后弯曲并逐渐贴近臀部，脚跟朝向水面。在此过程中，需用较小的力量屈膝，并放松腿部肌肉。当屈膝动作达到一定程度时，大腿与身体的夹角需维持在130°—140°，膝盖之间的距离要略大于髋部的宽度，小腿则需尽量保持与水平面垂直，为接下来的翻脚和蹬腿奠定良好基础。

2.翻脚阶段

翻脚动作是收腿与蹬水之间的过渡，标志着收腿的结束和蹬水的开始。翻脚的目的是确保腿部在蹬夹时能充分接触水面。蛙泳中蹬水的效果很大程度上取决于翻脚的质量，而翻脚的质量又受到腿部柔韧性和踝关节灵活性的直接影响。

当腿部回收至脚跟几乎触及臀部时，大腿需向内旋转，膝盖略微内收，小腿随之张开。同时，脚背弯曲并勾紧脚掌，使其向外翻转，脚尖也转向外侧。这样，小腿和脚的内侧就能面向后方，形成一个对水面的理想角度，为蹬夹动作创造有利条件。在收腿动作即将完成之际，翻脚动作便悄然开始；随着翻脚动作的逐渐推进，蹬夹动作也蓄势待发；而当蹬夹动作真正开始时，翻脚动作仍在持续进行中。收腿、翻脚与蹬夹这三个动作紧密相连，相互衔接，共同形成流畅的鞭状腿部动作。

3.蹬夹

练习蛙泳，蹬夹动作是激发推进力的重中之重。在翻脚动作即将结束时，蹬夹动作就已经开始。蹬腿之初，脚部在翻脚惯性的驱使下，继续向外延伸，直至翻脚成功达成。紧接着，腰部与大腿默契配合，下肢关节遵循既定序列逐步伸展，双脚向后且朝内移动，并略施下压之力，直至双腿笔直并拢，勾勒出一幅流畅的弧形鞭状蹬夹画面。这一蹬夹动作，实则融合了"蹬"与"夹"两大要素，双腿在蹬出的同时，也向内侧聚拢，直至双腿挺直，膝盖自然相合（图7-3）。

在执行蹬夹动作时，髋关节先伸展，膝关节随后，踝关节最后，确保双腿完全伸展并拢。蹬夹初始，大腿后移为主导，适时控制膝关节伸直，维持小腿垂直，避免水下踢动。脚部维持勾状外翻，接近收尾时内旋伸展，完成鞭状打水。踝关节过早伸展会破坏对水优势，导致脚尖踢水。蹬夹中，脚部运动轨迹复杂，包括后、外、内、下多维运动，升力与阻力共同产生反作用力。尽管升力重要，但阻力影响也显著。因此，需有效利用大腿内收肌群，控制腿脚外展，确保蹬夹力量主要向后。蹬夹力度越大，速度提升越明显，故需充分释放并持续增强腿部肌肉力量。

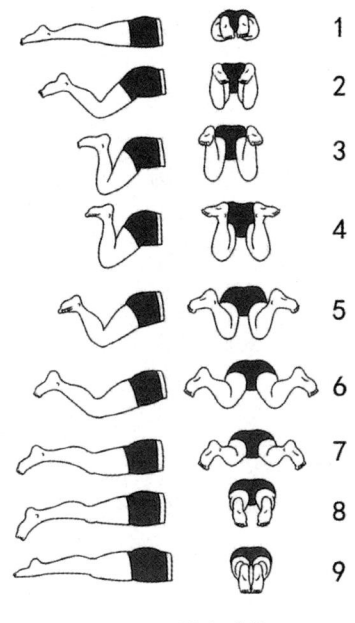

图7-3 蹬夹动作

4.滑行

完成蹬夹动作瞬间，腿部自然下沉，与水面保持30—40厘米的距离。此刻，身体在水中疾驰，达到速度巅峰，双腿伸直并拢，腰、腹、臀及腿部肌肉适度紧绷，形成完美的流线型，为下一轮的腿部动作蓄势待发。滑行期间，双腿需维持较高位置，以此减少水阻。

蛙泳的精髓，在于对腿部动作的精准掌控。一个完整的腿部动作周期，要求收腿、翻脚、蹬夹水等环节无缝衔接，且收腿与翻脚的动作节奏应略慢于蹬夹水，确保动作的流畅与高效。

（三）手臂动作

在蛙泳过程中，手臂的每一个动作都是推动身体前进的重要力量。游泳者在水下会完成一整套连贯的手臂动作。形象地说，游泳者的手臂划水轨迹仿佛描绘出两个相互对称的"心形"图案，从"心形"的顶部开始，经过一周的划动，最终再次回到起点（图7-4）。为了更深入地学习手臂动作，我们可以将其细致地划分为外划、下划、内划和前伸这四个紧密相连且互为支撑的阶段。

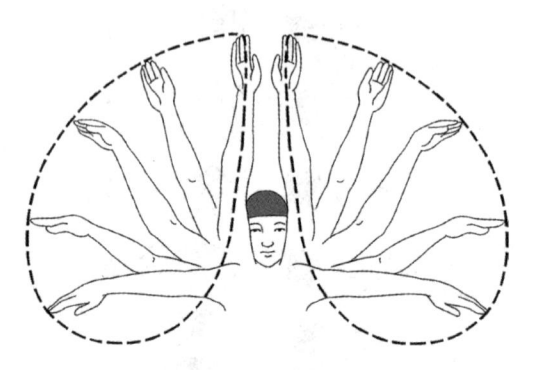

图7-4 手臂连贯动作

1.外划

当开始执行外划动作时，游泳者需先将双臂伸直并拢置于前方，手掌朝向水底。随着外划的进行，两臂需缓缓向内旋转，手掌也随之转向外侧偏下的方向，同时手腕轻柔地弯曲。接着，双臂以横向的方式划动，直至双手之间的距离扩大至肩宽的两倍（图7-5）。在整个外划阶段，动作的节奏应当维持在一个相对平缓的状态。

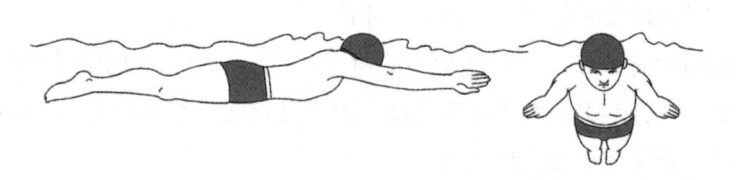

图7-5 外划

2.下划

随着前臂的引领，手臂继续其向外的划动轨迹，同时维持着外旋的姿态。此时，肘部关节开始弯曲，掌心也随之朝向后方偏下的位置转动。以肘部为旋转中心，手和前臂加速向下及向后方向划动。在下划的过程中，手和前臂展现出了较快的运动速度和较大的运动幅度，相比之下，上臂的移动则较为有限，前臂与上臂之间的夹角在这一过程中迅速缩小。当下划动作达到终点时，肘部关节会处于比手和前臂更高的位置，而手和前臂则几乎与游泳的推进方向形成直角，肘部大致弯曲至130°（图7-6）。

图7-6 下划

3.内划

在水中，手臂产生推进力的关键环节在于内划。一旦手臂完成了下划，须立即调整掌心方向，使之朝向内侧后方，并加快手臂从外向内的横向划水动作速度。这一过程中，肘部弯曲程度逐渐增大，同时肘关节被引导向下方、后方及内侧移动，最终定位于胸部下方。随着划水动作的深入，当手臂接近胸前区域时，双手间的距离显著缩短（图7-7）。

图7-7 内划

4.前伸

手臂内划阶段的结尾,双手路线转上扬前伸至下颌下,掌心并拢朝下。肘部沿曲线前移,手贴近水面延展,头迅速低垂,双臂抱头。手臂伸直紧贴时,肩部展开,手掌朝下,呈流线姿势滑行。

(四)配合动作

1.臂与腿的配合

在进行蛙泳时,手臂与腿部的协调动作是交替且部分重叠的。当双臂向外划水并向下压时,应保持双腿伸展且略微紧绷;而当双臂向内划水时,则需放松腿部,膝盖下沉,同时收腿。手臂前伸时,腿部迅速收腿并准确翻脚;手臂伸展到位,腿部立即蹬出并夹紧。蹬腿后,身体呈流线型伸展,持续滑行。

蛙泳初学者需重视蹬腿与夹水后的滑行,这是掌握游泳节奏的关键。

2.呼吸与臂的配合

(1)早吸气配合技术

早吸气配合技术是初学者常用的方法。该技术强调的是在手臂划水初期就开始呼吸,确保游泳者在水中能够持续、平稳地呼吸,同时保持动作的协调性。

①手臂外划与呼吸准备

当双臂开始向外划水时,颈部后侧的肌肉应适度收缩,头部保持自然抬起状态,下颌微微向前伸展。此时,游泳者的嘴部应完全露出水面,利用这个时机将体内的气体完全吐出,为接下来的吸气做好准备。

②手臂下划与吸气

在双臂继续向下划水的过程中,游泳者应开始吸气。由于手臂的划水动作产生了向上的反作用力,这使得头部更容易抬出水面,便于呼吸。吸气时,嘴部应大张,快速吸入新鲜空气,同时保持身体的平衡和动作的连贯性。

③手臂内划与呼气准备

当双臂完成下划动作并开始向内划水时,头部应逐渐下垂,并准备开始

第七章 其他项目科学训练探索

呼气。在这个过程中,游泳者应注意保持呼吸的平稳和均匀,避免因为呼吸不畅而影响整体动作节奏。

④手臂前伸与呼气

在双臂向前伸展的初始阶段,游泳者应继续呼气,直至手臂完全伸直。此时,应保持身体的流线型姿势,减少水中的阻力,为下一个动作周期的开始做好准备。

在进行该练习时,应注意以下几点:

第一,要注意控制呼吸的节奏。游泳者在进行早吸气配合时,应注意控制呼吸的节奏。呼吸不应过于急促或过于缓慢,而应保持平稳和均匀。通过练习和不断调整,找到最适合自己的呼吸节奏,以确保游泳过程中的舒适性和效率。

第二,要保持头部动作的稳定性。在呼吸时,头部应保持相对稳定,避免过度晃动或倾斜。通过控制头部动作,可以减少水中的阻力,提高游泳速度。

第三,要注意手臂与呼吸的协调。手臂的划水动作应与呼吸动作紧密配合,确保两者之间的协调和连贯。通过不断练习和调整,可以逐渐提高手臂与呼吸的配合效率,使游泳动作更加流畅和自然。

(2)晚吸气配合技术

在蛙泳技术中,晚吸气配合技术是一种高效且流畅的呼吸与手臂配合方式。与早吸气技术不同,晚吸气技术更加注重动作的连贯性和减少水的阻力。

当蛙泳者开始向外划水并向下压时,身体保持较为平直的流线型姿势向前滑行。此时,头部和肩部的位置相对较低,以减少水的阻力。在两臂向内划动的过程中,随着身体的自然旋转和上升,口部逐渐露出水面,游泳者此时迅速吐尽之前吸入的气体。

内划动作即将结束时,头部和肩部达到最高位置,此时游泳者利用这个时机迅速吸气。吸气应快速而充分,为接下来的水下动作提供充足的氧气。随着两臂继续向前伸展,头部迅速低下并闭气,准备进入下一个动作周期。

在滑行过程中,游泳者持续向水中呼气,以保持呼吸的平稳和连贯。晚吸气技术的关键在于动作的协调性和对时机的把握。游泳者需要在手臂划水、身体旋转和呼吸动作之间找到最佳配合点，以确保呼吸的顺畅和游泳效率的提升。晚吸气技术还有助于减少水的阻力，因为游泳者在吸气时头部和肩部的上升幅度相对较小，从而保持了较为平直的流线型姿势。这种技术对于提高蛙泳速度和增强耐力具有积极作用。

二、自由泳技术训练

（一）身体姿势

在练习自由泳时，游泳者需维持一种俯卧且近乎水平的身体姿势，同时适度紧绷躯干肌肉，以此保持身体的流线型姿势，这是提升游泳效率的关键。身体的纵轴需与水面保持3°—5°的微小夹角（图7-8）。头部应自然地稍向后仰，目视前下方，而头部露出水面的部分，约为整体的三分之一，大致与水平面的发际线位置相当。为了进一步调整泳姿，有时可暂时性地让双腿略微下沉。

在游进过程中，身体需围绕着纵轴进行富有节奏的旋转，通常，旋转的幅度会维持在35°—45°（图7-9）。这种旋转并非强制性的，而是随着划臂、转头及吸气等动作的自然发生而呈现。若想要加速，则可适当缩小旋转的角度，以减少阻力，提升前进速度。

图7-8　自由泳身体姿势示意一

第七章 其他项目科学训练探索

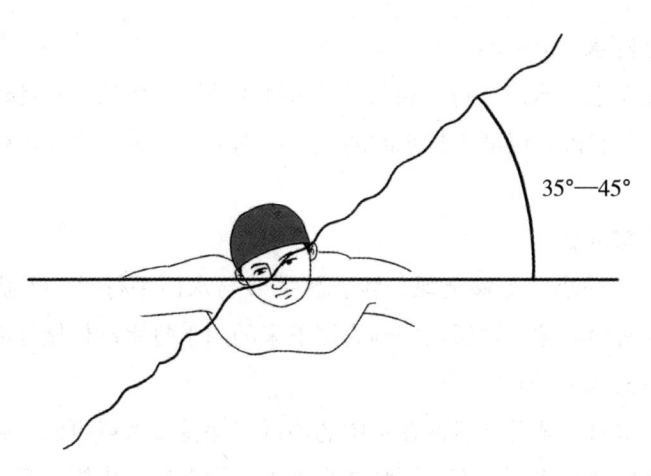

图7-9 自由泳身体姿势示意二

（二）腿部动作

在自由泳练习中，腿部动作不仅是推进力的重要来源，还起着维持身体平衡、提升下肢位置及与双臂划水动作相协调的关键作用。下面对自由泳的腿部动作技术进行详细解析。

自由泳的腿部打水方向几乎垂直于水面。从侧面观察，双腿在游进过程中分开约30—40厘米，膝关节保持约160°的弯曲（图7-10）。这种腿部动作模式有助于游泳者在水中保持稳定的推进力和平衡状态。自由泳腿部打水动作的具体步骤为：

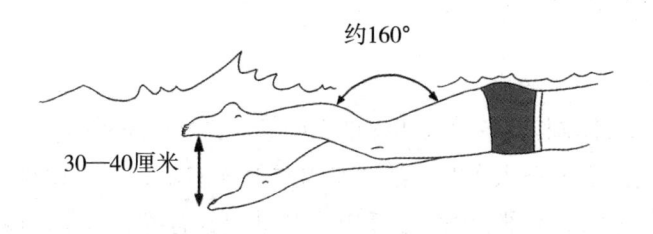

图7-10 腿部连续动作

1.向上打水

腿部在向上打水时，应保持接近水平的位置。大腿带动小腿向上移动，同时放松大腿肌肉，以减少打水时的阻力。向上打水的速度相对较慢，力度也较小。

2.暂停与准备

当大腿带动小腿上移至踝、膝、髋关节与水面平行时，大腿会略微上提，使动作暂停。这一短暂的停顿为接下来的向下打水动作做好准备。

3.向下打水

向下打水时，腿部与身体在水中的最低点保持一致或更低。施加较大的压力并保持快速打水，以产生更强的推进力。脚部轻微内旋，踝关节自然放松，从髋关节开始进行上下打水。大腿需用力，形成一个从上至脚尖的"鞭打"动作，以增强打水效果。

4.打水动作的连续性

当大腿向下打水至最低点并开始上抬时，小腿和脚与大腿保持一定角度继续向下打水。直至大腿完全伸直停止打水，此时小腿在大腿带动下向上移动，开始新的循环动作。整个打水动作应连续、流畅且有力。

练习腿部打水动作时，应注意以下几点：

第一，在向下打水时，要确保小腿和脚在惯性作用下达到最高点。

第二，向下打水时应快速有力，以产生更大的推进力。

第三，向上打水时则需放松大腿肌肉，减小力度和减慢速度。

第四，正确的打水动作包括脚部轻微内旋和踝关节的自然放松。

（三）手臂动作

1.入水

手臂的入水动作是游泳技术的重要环节，它直接关系到后续的划水效果和游泳速度。当准备入水时，游泳者需要放松肩部，让手臂自然下垂。随后，以稍微弯曲的肘部为引导，手掌自然伸展并合拢，以与水面形成30°—40°的适宜角度入水。入水时，应首先让拇指斜向切入水中，手掌朝向外侧。这样的入水位置有助于保持身体的平衡，并为后续的划水动作奠定良好

第七章 其他项目科学训练探索

基础。

在入水过程中，手臂的各个部分应按照一定的顺序依次进入水中，即手、前臂、肘、上臂。这种顺序有助于减少水阻，使手臂更流畅地进入水中。另外，手臂入水的位置应与肩部的延长线对齐，或者位于身体中线与肩部延长线之间（图7-11）。同时，入水时需要注意手臂的力度和速度。力度不宜过大，以免产生过多的水花和阻力；速度则应适中，以确保手臂能够稳定地进入水中并准备好后续的划水动作。

此外，入水时还需要保持身体的稳定性和平衡性，避免打乱整体节奏或破坏身体的流线型姿态。

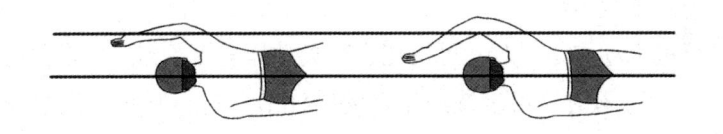

图7-11 手臂入水动作示意图

2.抱水

抱水能够为划水创造有利条件，通过调整手臂的姿势和角度，使手掌和前臂能够更有效地对准划水面，从而增加划水的面积。这一动作不仅影响着游泳速度，还关系到身体的平衡和推进效率，动作要领如下。

当手臂进入水中后，应自然地伸展手腕，并将掌心向下旋转。此时，手臂应积极地向前下方插入，直至达到有利于抱水的位置。前臂和上臂应积极地向外旋转，以形成更大的划水面积（图7-12）。在抱水过程中，手臂应保持与水平面15°—20°的角度，以确保手掌和前臂能够充分对准划水面。手腕应向下弯曲，同时肘部也弯曲，使肘部位置高于手，形成有利于划水的姿势。

抱水动作需要利用手臂和肩部的肌肉力量，特别是前臂和上臂的外旋肌肉。这些肌肉的发力应平稳而有力，避免突然用力或过度放松。抱水动作应与入水动作紧密相连，形成流畅的过渡。在入水后，手臂应立即开始抱水动作，避免停顿或延迟。同时，身体应保持稳定的俯卧姿势，避免过度抬头或挺胸。另外，身体的旋转应与手臂的抱水动作相协调，以增强划水的力量和效果。抱水动作的练习方法如下。

（1）陆上模仿练习

在陆地上进行手臂的抱水动作模仿练习，可以帮助游泳者熟悉和掌握正确的抱水姿势和角度。练习时，可以站在墙边或栏杆旁，用手臂进行抱水动作的模拟练习，注意保持手臂的放松和连贯性。

（2）水中扶板练习

在水中使用扶板进行练习，可以帮助游泳者更好地感受手臂抱水时的阻力和力量。练习时，将扶板夹在腋下或用手握住，然后专注于手臂的抱水动作，注意保持身体的平衡和稳定。

（3）配合呼吸练习

在进行抱水动作练习时，可以配合呼吸动作进行练习，以增强身体的协调性和耐力。练习时，可以按照正常的游泳节奏进行呼吸和抱水动作的配合，注意保持呼吸的平稳和连贯性。

图7-12 手臂抱水动作

练习抱水动作时应注意避免过度用力或突然用力，以免导致肌肉疲劳或受伤。在整个抱水过程中，应保持手臂和身体的放松状态，如果身体僵硬，会影响动作的效用。抱水动作应与整个划水周期的节奏相协调，过快或过慢都会导致动作失衡，影响游进速度。

3.划推水

自由泳的滑水动作，是一个从前臂与水平面形成夹角40°开始，延续至大臂与水平面形成150°—200°的流畅过程。这一动作精细地分为两个阶段：先是"拉水"阶段，它紧随抱水动作之后，直至手臂与水面垂直；紧接着是

第七章　其他项目科学训练探索

"推水"阶段，手臂越过垂直面向后延伸。

（1）拉水

在拉水的过程中，肘部扮演了关键的角色，它需维持在较高位置，而手部则巧妙地执行一个内向、上提及后拉的复合动作。随着拉水的逐渐深入，手部会趋近于身体下方的中心线，此时，肘关节的弯曲度为90°—120°。在这一阶段，小臂会经历一个从外旋到内旋的转变，掌心的方向也会随之调整，由原先的向内后方转变为向外后方（图7-13）。这样的动作设计，旨在最大程度地利用手臂的力量产生向前的推进力。

图7-13　划推水动作

（2）推水

自由泳中，完成整个向后推水的流程，需要从手臂的屈曲状态逐渐伸展至完全伸直。在这个过程中，手部的动作十分复杂，涵盖了向外展开、向上提升以及向后推送等。此时，肘部需始终维持一个向上的姿势，紧紧贴着身体的一侧，手掌则要确保与水面保持垂直的角度。当手掌以这样的姿势推水时，能够产生一股向前的反作用力，从而推动身体前进。

值得注意的是，在推水的过程中，手掌的运动轨迹并非简单的直线或平面，而是一条复杂的三维曲线。若从额状面来观察，手掌的运动轨迹仿佛是一个"S"形；而换作矢状面来看，则又呈现出一个"W"形的轨迹。这样的运动方式，无疑大幅增强了推水的力量。

4.出水和空中移臂

在划水动作圆满结束后,手臂因惯性自然而然地趋近水面。此刻,肘部在大臂的引领下,执行一个朝向外侧且向上的"提拉"动作,引领小臂与手部向水面抬升。值得注意的是,小臂出水的速度略慢于大臂,掌心则朝向身体的后上方(图7-14中①至③)。整个出水过程要求迅速且流畅,不允许有丝毫的停滞,同时,还需确保动作的柔和,让小臂与手掌维持一种放松状态。

当手臂在空中向前移动时,这一动作被视为出水动作的延续。起始阶段,手掌几乎将肘部完全提拉至后上方,手腕保持松弛,手则位于肘关节的后方。随着手臂的前摆,当其越过肩膀时,手臂与肘部会维持一条直线。紧接着,手和前臂会逐渐向前伸展,同时,掌心会开始朝向下方并向前转动,方便接下来的入水(图7-14中④至⑥)。

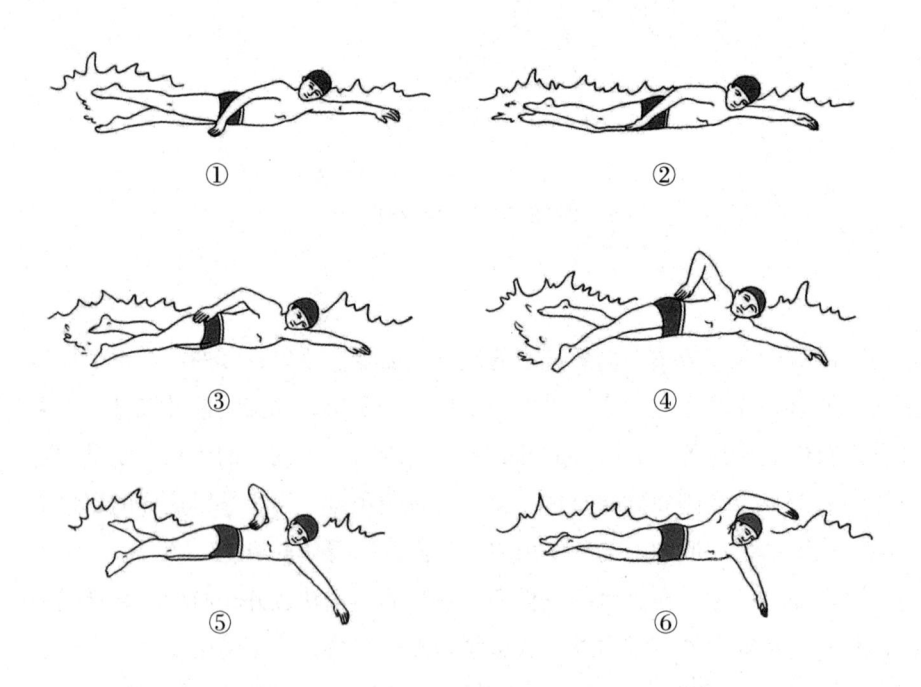

图7-14 出水和空中移臂动作

（四）配合动作

1.两臂配合

自由泳的两臂配合主要分为前交叉、中交叉和后交叉三种类型。这些类型是根据划水时手臂所处的相对位置来划分的。前交叉是指，当一只手臂在水中划水时，另一只手臂位于肩部前方，形成较小的夹角，这种配合方式有助于保持较长的滑行距离，但速度均匀性可能稍差；中交叉是指，一只手臂在水中划水，另一只手臂则位于肩部下方，形成约90°的夹角。这种方式能够更好地利用手臂力量，提高划水效率；后交叉是指，一只手臂在水中划水，另一只手臂则位于腹部下方至划水即将结束的位置，形成较大的夹角。这种方式能够进一步提高动作频率和游泳速度。具体如图7-15中的①②③所示。

两臂配合的技术要点如下：

（1）节奏与频率：在自由泳中，两臂的配合需要保持稳定的节奏和频率。这要求运动员在训练时注重节奏的掌控，避免过快或过慢导致身体失衡。

（2）力量分配：两臂在划水时需要合理分配力量。一般来说，划水手臂的力量应大于非划水手臂，以确保足够的推进力。同时，也要注意保持非划水手臂的放松，以减少不必要的阻力。

（3）身体平衡：两臂的配合还需要保持身体的平衡。在划水过程中，身体应保持稳定的俯卧姿势，避免左右晃动或上下起伏。这要求运动员在训练时注重身体的感知和控制。

练习时，应注意避免过度用力，否则很容易导致肌肉疲劳或受伤。因此，学会合理分配力量非常重要，这样才能保持动作的流畅性和节奏感。另外，也要注重身体的感知和控制，及时调整姿势和动作，以保持最佳状态。自由泳两臂配合的技术训练需要持之以恒。只有不断练习和反思，才能逐渐提高游泳水平和成绩。

图7-15 自由泳的两臂配合

2.两臂和呼吸的配合

在自由泳中，两臂与呼吸的配合应该形成一个流畅而连贯的动作链。以下是一个典型的配合过程：

（1）一臂划水：当一臂开始划水时，另一臂则处于出水或空中移臂阶段。此时，头部可以向非划水手的一侧轻微转动，准备呼吸。

（2）呼吸：随着划水手臂的推进，头部继续向一侧转动，口和鼻露出水面快速吸气。同时，非划水手臂继续向前上方移动，为下一次入水做好准备。

（3）另一臂划水：当一臂完成划水并出水时，另一臂则开始进入水中划水。此时，头部应该迅速回到水中，开始缓慢呼气。

以上过程将不断重复，形成自由泳中两臂与呼吸的协调配合。

3.完整的配合

在一次完整的自由泳练习中，手臂、腿部和呼吸的配合应流畅且协调。当一臂入水并开始划水时，另一臂则处于出水或空中移臂阶段，同时腿部进行打水以保持身体平衡。随着划水动作的推进，身体自然旋转，头部转向一侧吸气，随后转回正常位置继续游泳。整个过程中，应保持身体的流线型姿势，减少水阻，提高游泳效率。通过不断练习和调整手臂、腿部和呼吸的配合，可以逐渐提升自由泳技能水平。

第三节　跆拳道项目科学训练探索

一、立的训练

（一）自然体立

自然站立姿势是日常生活中常见的站立方式，它是最为轻松和自在的站姿，不适合用于实际战斗中。保持身体挺直，双脚并拢站立。接着，慢慢将双脚分开，大约与肩同宽，脚尖朝前。双手自然下垂，全身保持自然放松状态，眼睛向前看。

（二）并足立

站立时，双腿并齐，身体和头部保持正直，这是行礼时正确的站姿。

（三）单足立

一只脚站立，另一只脚抬起。脚背紧贴在支撑脚的膝盖后面，就像"金鸡独立"一样，头部保持端正。

（四）前屈立

两脚前后分开站立，间距大约70厘米。前脚尖向内，膝盖弯曲。后脚用力蹬地，身体向前旋转至半侧面，重心主要集中在前脚上。双手握成拳头，一只放在腰部一侧，另一只置于前方。头部保持正直。

（五）后屈立

与前屈立的姿势相对，两脚前后分开，大约70厘米宽，前腿伸直，后腿膝盖弯曲，身体向后扭转，形成半侧面的姿势。大部分的重心位于后脚上。

（六）骑马立

双脚分开大约80厘米，膝盖弯曲，模仿骑马姿势站立。脚尖略微内转，头部保持正直，双手握拳，自然地伸展至身体两侧。

（七）猫足立

双脚前后站立，间距大约为40厘米，形成稳定的支撑基础。前脚脚尖轻轻触碰地面，双腿呈现轻微弯曲的姿态。后脚则完全着地，同时身体微微向前扭转，半侧身，身体的重心落在后脚之上。双手紧握成拳状，一只手自然放在腰部一侧，另一只手则向前伸出，保持警觉与准备的状态。头部保持端正，目光直视前方。

（八）中段立

在跆拳道的实战中，中段立姿势是最为常用的基础动作。此姿势要求两脚前后分开，与肩同宽，脚尖向内转并略微弯曲膝盖，身体前倾，呈现侧身状态，而身体的重心则位于两脚之间。双手握成拳头，一只置于胸前，另一只置于眼前，紧盯着前方的目标。

二、步法训练

（一）上步

左脚置于前方，右脚位于后方，形成左中段站姿。右脚向前迈一步，转换为右中段站姿。

（二）退步

与上步相反，向后迈出一步，其余动作保持不变。

（三）前进步

维持左侧中段站立姿势，右脚向前迈半步，与左脚并排。接着，向前进行纵向跳跃，大约三步的距离，落地后依然是中段站立。左、右前进步的动作方法是相同的。

（四）后退步

与前进方向相反，向后进行跳跃，动作方式相同。

（五）左侧闪步

身体朝左侧调整方向的步法。维持左中段的站立姿势，左脚尖向内旋转，转体45°，右脚向后退并旋转45°，左脚几乎保持不动，只是方向有所改变，而右脚则大幅度移动。

（六）右侧闪步

与左侧闪步方向相反，动作方式相同。

（七）弹跳步

在原地轻松地跳跃，保持双脚前后位置固定，跳跃的幅度要小，离地的高度要低，这样便于快速出腿攻击对手。

（八）换跳步

换跳步主要用来改变腿部的位置。在原地进行小幅度的跳跃，在跳跃过程中，双脚前后交替，交替的幅度应当较小，同时双手动作与身体要保持协调。

三、腿法训练

（一）前踢

从中间位置开始，双臂弯曲，自由地向上伸展。将右膝弯曲抬起，至腰部高度后迅速伸直。用脚尖瞄准对手的身体或头部。

（二）推踢

从中间位置起步，将身体的重心转移到左脚，右膝弯曲并提起，同时勾起右脚，使脚底朝前，瞄准对手即将出腿的空当，用脚向前推顶，以阻止对手的攻势。随后，用力向前蹬出，进行反击。

（三）侧踢

从中间位置开始，身体向左侧后方转动，同时右髋部连同右腿弯曲提起。右脚翻转，使脚掌向上，达到腰部高度，身体则向左下方倾斜。借助身体下沉的动力，右脚向前方猛踢，目标直指对手的躯干正面。发力点位于脚跟。

（四）劈打腿

从中间位置开始，身体向后转动，重力集中在右脚上，左膝弯曲，提起左腿，脚尖勾起，脚底朝向前方，直至升于对手头部的上方。接着，伸直小腿，左脚掌向前下方"劈击"，目标是对手的脸部或身体前侧，发力点位于脚掌。

（五）横踢

自中段开始，将右腿弯曲并提起至腰部右侧，同时身体向左倾斜。借助身体向左倾斜的动力，右脚横向向上踢出，目标是对方的肋部左侧。发力点位于脚背。

（六）旋转踢

始于中段站姿，身体迅速向左后方旋转，同时伸展的右腿随之进行回旋。借助身体的惯性，整个力量集中于右脚，快速横扫向对手的头部或躯干。发力点位于脚掌。

（七）勾剪踢

这是一种向上横扫并伴随小腿回收勾击的腿法技巧。始于中段站立姿势，身体灵活地朝左后方扭转，借助右胯的力量驱动右腿，使之伸直并向前方执行一个旋转横扫动作，此时右脚保持紧绷状态。在右腿扫向对手头部高度时，迅速调整动作，小腿往回勾，以剪切的方式攻击对手的头部或躯干。整个动作的力量释放点集中在脚掌部位。

（八）旋风踢

翻转跳跃，身体在空中旋转一周。始于中段站姿，右脚蹬地跃起，身体迅速向左后方转动，左腿随之旋转，左脚触地，右腿则在身体旋转的动能推动下，向前旋转攻击对手头部。

（九）双飞踢

直接跃起，在空中连续左右踢击的技巧。始于中段立势，右脚用力蹬地跃起，左膝弯曲抬起，向对手躯干发起踢击。随后左脚回收，右脚瞄准对手头部进行踢击。两次踢击的力量均来自脚背。

四、拳法训练

（一）前拳

双手紧握成拳，从腰部发力向前击打。击拳时，后脚用力蹬地，身体同时旋转，并伴随着呼喝声。以左脚向前弯曲站立为例：向前击出左拳，称为"顺前拳"。向前击出右拳，则称为"逆前拳"。

（二）勾拳

始于右侧中段，双拳紧握，左脚向前迈出，腰部发力，向上前方勾左拳。出拳之际，右脚用力蹬地，同时发出呼喝声。

（三）横拳

始于右侧中段，双拳紧握，当右拳从腰部向前划出弧形的横拳之际，左脚用力蹬地，身体随之旋转至骑马姿势，并发出呼喝声。

五、组合进攻训练

（一）连续左后踢

开始时，左脚向上踢，然后着地。紧接着，双脚用力跳起，推动身体前进，左脚再次向上踢（图7-16）。

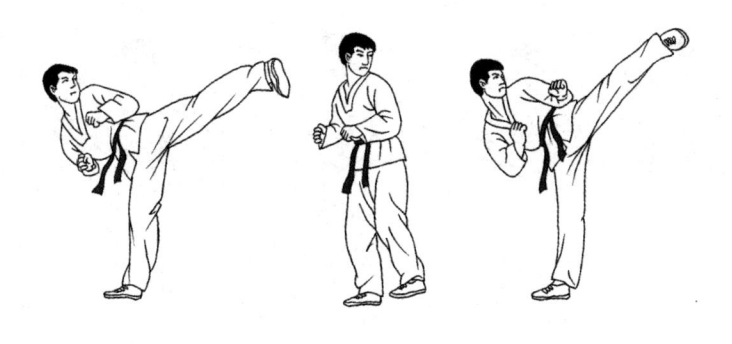

图7-16 连续左后踢

（二）左侧踢

从自然站立姿势开始，弯曲左膝并提起左脚，向前方推踢；在落地过程中，身体向后倾斜，同时提升左胯部，引导左脚向侧面踢出（图7-17）。

图7-17　左侧踢

（三）推踢接空中侧踢腿

从自然站立姿势起始，抬起右脚向前进行推踢，脚一触地便利用地面反作用力跳跃起来，在空中左脚朝正前方侧踢（图7-18）。

图7-18　推踢接空中侧踢腿

（四）推踢、旋风踢接后踢

从自然体位起步，将右脚提升至前方头部高度并执行推踢动作；紧接着落地后立即蹬地跃起，使身体在空中向右旋转，同时带动左腿完成旋风踢；着地后顺势继续转体，左脚向前方侧踢（图7-19）。

图7-19　推踢、旋风踢接后踢

（五）后旋腿接下推踢

从自然站立姿势开始，身体向右转动，将重心转移到左脚上，接着用右脚进行后旋踢，着地后顺势继续转动身体，然后左脚向前下方推踢，以阻挡对手的出腿动作（图7-20）。

图7-20　后旋腿接下推踢

（六）旋风踢接侧踢

从自然站立姿势起始，左脚用力蹬地，身体向右侧转动，右脚往右摆动，左腿紧随右腿进行右侧旋踢。着地后，继续顺着转动的势头，右脚向正前方进行侧踢（图7-21）。

图7-21　旋风踢接侧踢

（七）侧踢接空中侧踢

从自然站立姿势开始，抬起右脚向前侧踢，脚一触地便迅速蹬地跃起，在空中转身，然后将左脚向正前方侧踢（图7-22）。

图7-22　侧踢接空中侧踢

（八）上推踢接双飞踢

从自然姿势起步，将左脚高高抬起并向前踢出，脚一落地便迅速跳起，使身体腾空，接着用左脚向上踢击，紧接着右脚跟随左脚向前踢出（图7-23）。

图7-23　上推踢接双飞踢

（九）双飞踢接后踢

从自然体位起步，右脚用力踏地，身体腾空跃起，先进行左腿的踢击，随后是右腿，完成连续的双飞踢动作；着地后迅速将右脚收回并弯曲膝盖，将身体重心转移到左脚，然后右脚向斜上方踢出（图7-24）。

图7-24　双飞踢接后踢

（十）前踢、转身双飞踢

从自然姿势起步，右脚前踢，着地后迅速蹬地发力，身体左转跃起，空中左脚向上踢击，紧接着右脚跟进，朝前方踢出（图7-25）。

图7-25 前踢、转身双飞踢

六、防守训练

（一）躲闪

1.侧身避让

在对手展开攻势之际，通过向侧边（左或右）调整身体姿态，可以有效避开其攻击。实施此技巧前，维持冷静至关重要，须待对手的攻击逼近身体边缘时才侧身。

2.后仰躲避

当对手的攻击目标直指头部或上身时，适度地向后倾斜身体，以拉开与对手的距离，从而巧妙地避开攻击。在回避的同时，需密切关注对手的动作变化，并灵活配合脚步移动，以保持最佳防守位置。

3.俯身闪避

面对来自对手头部的攻击，迅速将身体向下倾斜，躲避攻击。在俯身时，务必保持身体重心在垂直线上，以免失去平衡。同时，保持身体的敏捷性，为接下来的反击做好准备。

第七章　其他项目科学训练探索

（二）格挡

1.双手格挡

双手协同上扬，于肩部高度分开展开防御，形成一道坚实的防护墙。以左前弓步为例，当对手采取双手夹击策略时，迅速握拳，双臂自下而上挥动进行格挡（图7-26）。

图7-26　双手格挡

2.上段格挡

屈肘将前臂横置于头顶，左右灵活变换，以应对来自上方的攻击。以左前弓步为例，当对手以右拳直击头部时，左手迅速握拳并屈肘上举，形成一道坚固的防御屏障（图7-27）。

图7-27　上段格挡

3.中段格挡

小臂屈曲，灵活执行内、外格挡，有效应对中部攻击。在左前弓步状态下，面对对手的右拳来袭，左手握拳，通过屈肘动作，向内或向外精准格挡（图7-28）。

图7-28 中段格挡

4.下段格挡

屈肘向下，双手均可作为拦截工具，保护下盘安全。以左前弓步为例，当对手发起腹部踢击时，左手握拳，迅速屈肘向下，精准拦截对方的腿部攻击（图7-29）。

图7-29 下段格挡

5.手刀格挡

运用手掌边缘进行防御，同时蕴含反击之力，攻防一体（图7-30）。

图7-30 手刀格挡

6.十字格挡

双手相扣，形成强大的防御网，可向头顶或腹部下方实施拦截，全面保护要害（图7-31）。

图7-31 十字格挡

第四节　武术项目科学训练探索

一、武术基本动作与教学指导

（一）手型

1.手掌

将四指并拢伸直，同时拇指的第一关节弯曲并贴合于虎口位置。

2.拳头

将四指并拢弯曲握成拳，拇指则紧贴于食指和中指的第二关节处。确保握拳时拳头平整，手腕正直。

3.勾手

五指并拢弯曲，同时手腕弯曲成钩状。

（二）手法

1.冲拳

（1）动作方法

双脚分开站立，双手握成拳头置于腰部两侧，拳头朝上，肘部朝后，眼睛直视前方。接着，右手的拳头从腰部旋转向前迅速打出，力量集中在拳头上，手臂完全伸展至与肩同高；与此同时，左侧肘部向后拉伸，眼睛继续朝前看。这两个动作反复交替练习。

（2）练习指导

①初始阶段，应缓慢进行，避免过度用力，重视动作的准确性，随后逐步提升速度。

②将步法与步型结合起来进行练习。

2.推掌

（1）动作方法

准备动作与冲拳一致。将右拳转化为掌，从腰部开始旋转手臂向前直立推出，动作要迅速，手臂伸展，力量传递至掌缘，目标是前方。双手交替练习。

（2）练习指导

①进行旋转手臂、手腕下压、手指挑起等动作练习，以增强腕关节的柔韧性和灵活性。

②留意掌心向前的时间。

3.架拳

（1）动作方法

准备动作与冲拳相同。将右拳从腰部向左，经过腹部前方、面前，向上旋转至头顶上方架起，手臂略微弯曲，拳心朝向前上方。眼睛注视前方。

（2）练习指导

起初练习时要缓慢，细心体会上架的位置，随后逐渐加快练习的速度。步型、手型与步法需相互配合，以提高协调性训练的效果。

（三）步型

1.弓步

（1）动作方法

首先，将一只脚稍微向内弯曲，脚掌接触地面，膝盖弯曲成半蹲姿势，大腿保持水平，膝盖大约与脚尖呈垂直状态；然后，另一条腿保持膝盖挺直，脚尖向内旋转并斜向前方，脚掌同样接触地面，身体正面朝向正前方，双手在腰部交叉成拳。[①]

（2）练习指导

①左右弓步交替练习。

[①] 邱丕相，等.武术文化传承与教育研究[M].北京：高等教育出版社，2011：98.

②练习分为两个阶段，首先是原地练习，其次是行进间练习。

2.马步

（1）动作方法

双脚分开站立，距离大约是脚长的三倍，脚尖朝向前方，膝盖弯曲成半蹲姿势，大腿保持水平，目光直视前方，双手在腰部握拳。

（2）练习指导

在原地练习马步和弓步转换，同时结合手法练习，确保上下肢动作协调。

3.虚步

（1）动作方法

脚跟向侧前方倾斜，膝盖弯曲成半蹲姿势，大腿与地面近乎平行，脚掌全面着地；前腿稍屈，脚背绷紧，脚尖轻点地面。

（2）练习指导

首先进行高势空步的练习，接着融入手部动作的练习。

二、武术基本功与教学指导

（一）腰功

1.前俯腰

（1）动作方法

双脚并拢站立，双手交叉，双臂伸直向上，掌心向上，身体向前弯曲，保持膝盖伸直，尽量让两掌心接触地面；或者松开双手，分别环绕抱住脚踝，尽量让胸部靠近腿部，保持这个姿势一段时间后，再慢慢回到站立状态。

（2）练习指导

逐渐增加前俯的幅度和标准动作的保持时间。

2.下腰

（1）动作方法

双脚分开，宽度等于肩宽，双臂向上伸直。腰部向后仰，头部抬起，挺直腰部向上推，双手撑地形成桥状。或者双手扶墙进行下腰。

（2）练习指导

首先，练习者应先进行腰部旋转和上身朝不同方向弯曲的练习，接着执行下腰动作。然后，在同伴的辅助下，确保练习者的腰部有支撑，保障安全。练习者在下腰时，同伴应轻柔地将练习者的膝盖往后推，以提升练习成效。

（二）腿功

1.正压腿

（1）动作方法

站在肋木前，双脚并拢站立。将左腿提起，脚跟置于肋木上，脚尖紧绷，双手支撑在膝盖上。双腿伸直，腰部挺直，髋部收紧，身体向前弯曲，进行压振，压振过程中用前额和鼻尖去接触脚尖，重复数次后，改为用下颌触碰脚尖。

（2）练习指导

①在团体训练中，依照统一指令进行练习。

②在压腿前，先进行热身运动，以激活肌肉和关节。

③分别练习不同的腿部技巧。

2.正踢腿

（1）动作方法

身体右侧贴近肋木站立，双脚并拢，右手紧握肋木，左手置于腰部，右腿作为支撑，左脚向上弯曲勾起，膝盖挺直向上踢，随后落下恢复原状。

（2）练习指导

①首先压腿，随后执行踢腿动作。

②踢腿动作的幅度从小到大，节奏从慢到快，逐步增加练习难度。

③双腿交替练习，从站立位置开始，逐渐发展到移动中的练习。

参考文献

[1]蔺新茂，李向朝，姚星.体操教学艺术[M].重庆：重庆大学出版社，2022.

[2]杨辉，周济汶.学校快乐体操教学策略创新研究[M].北京：九州出版社，2021.

[3]曲晓平.体操教学与研究[M].长春：吉林出版集团股份有限公司，2018.

[4]段亚菲.大学生核心素养研究[M].北京：九州出版社，2023.

[5]何光友，彭洋，邓莉.核心素养导向的目标课堂[M].北京：旅游教育出版社，2022.

[6]张宏杰，陈钧.篮球运动成功训练基础：篮球运动最新体能、营养与恢复训练手册[M].北京：北京体育大学出版社，2004.

[7]夏昌辉.现代体操教学理论与实践新论[M].长春：东北师范大学出版社，2017.

[8]赵琦.体能训练理论与方法[M].南京：东南大学出版社，2017.

[9]李亮.高校篮球教学研究[M].沈阳：万卷出版公司，2020.

[10]王霞.艺术体操：徒手操[M].长春：吉林出版集团有限责任公司，2010.

[11]杨翼，李章华.运动性疲劳与防治[M].北京：北京体育大学出版社，2008.

[12]黄俊亚.艺术体操训练理论与方法[M].北京：北京体育大学出版社，2010.

[13]王健，孙小燕，陈永新.中国武术文化的传承教育与可持续发展[M].长春：吉林人民出版社，2019.

[14]时保平.健康、传承、弘扬：大学体育武术教育教学模式多元化构建研究[M].成都：四川大学出版社，2019.

[15]徐福景.武术教育传承十年路[M].沈阳：辽宁大学出版社，2018.

[16]彭志辉，高红斌，何亚丽.文化全球化背景下的武术教育传承发展[M].长春：吉林大学出版社，2017.

[17]罗雪琳.武术运动发展传承与教育[M].延吉：延边大学出版社，2017.

[18]刘国立.传统武术文化传承与教育研究[M].成都：电子科技大学出版社，2018.

[19]邱丕相，等.武术文化传承与教育研究[M].北京：高等教育出版社，2011.

[20]於世海.高校武术教学的价值分析与优化研究[M].长春：吉林大学出版社，2020.

[21]李永进.高校篮球教学改革探析[M].青岛：中国海洋大学出版社，2019.

[22]何军.高校篮球运动实践教程[M].北京：中国农业大学出版社，2018.

[23]费振勇.体育教学改革与实践应用探究[M].北京：新华出版社，2018.

[24][美]马格利索.游得最快[M].温宇红，等译.北京：北京体育大学出版社，2014.

[25]陈洁，宋文利.体育教育学[M].北京：北京师范大学出版社，2012.

[26]吴峰山.体育教育学[M].太原：山西人民出版社，2008.

[27]程燕，许琦.游泳运动训练科学化理论及方法的研究[M].北京：北京体育大学出版社，2006.

[28]张瑞林，闻兰，黄晓明.普通高等学校体育课程建设理论与实践研究[M].北京：北京体育大学出版社，2005.

[29][美]摩尔金·斯坦，大卫·特纳.游泳[M].范英华，张勇，译.长沙：

湖南文艺出版社，2002.

[30]膳书堂文化编委会.游泳入门指导[M].北京：中国画报出版社，2009.

[31]施纯志.水上运动与健身[M].哈尔滨：哈尔滨地图出版社，2008.

[32]陆一帆，方子龙，张亚东.游泳运动科学训练与监控[M].北京：北京体育大学出版社，2007.

[33]苏思强.中学校园篮球的困境和发展对策[J].体育科技文献通报，2020，28（07）：166-167.

[34]朱慧芳，王强，丁岚.试论篮球运动的价值与魅力[J].运动，2010（11）：47-48.

[35]褚衍广.差异化教学在初中体育教学中的运用策略[J].华夏教师，2024（10）：123-125.

[36]罗佳.小学体育课堂中实施差异化游戏活动的策略[J].启迪与智慧（上），2024（05）：106-108.

[37]涂山，Silvia Piardi.整合设计教育模式[J].设计，2020，33（13）：85-87.

[38]张晓华.体验式学习在小学数学教学中的应用探究[J].教育，2024（24）：93-95.

[39]柯倩.小学数学游戏化教学策略探究[J].数学学习与研究，2024（28）：110-113.

[40]吴成源.游戏化教学模式在高中体育课堂中的应用探析[J].成才之路，2024（27）：109-112.

[41]杨森，扶晓政，陈子涵.我国校园篮球发展的成效、困境和优化路径[J].青少年体育，2021（06）：60-62，67.

[42]常志斌，付健，朱荣晶，等.游泳运动员水感问题的综述研究[J].竞技体育，2011（04）：28—29.

[43]徐斌.上海市竞技体育优势项目可持续发展研究[J].体育研究与教育，2017，32（03）：81—85.

[44]金芳.校园足球游戏的创编研究[D].成都：成都体育学院，2018.

[45]李传兵.高校体育安全保障评估体系构建研究[D].福州：福建师范

大学，2016.

[46]郑秋晨. 校园足球与体育产业的关系研究[D]. 长春：吉林大学，2016.

[47]蒯立法. 体教融合背景下校园足球特色学校发展的SWOT分析与治理路径研究[D]. 南京：南京体育学院，2023.

[48]高治. 我国青少年校园篮球运动发展的动力机制研究[D]. 武汉：武汉体育学院，2016.

[49]魏志鹏. 影响校园足球开展的因素研究[D]. 开封：河南大学，2019.

[50]王阳. 河北省校园足球活动的开展现状和影响因素分析[D]. 石家庄：河北师范大学，2015.

[51]胡月. 校园足球审美教育[D]. 南京：南京体育学院，2017.

[52]杨辰翔. 现代足球运动美学研究[D]. 成都：四川师范大学，2014.

[53]纪旭. 吉林省高校体育院系足球项目审美教育现状及其对策研究[D]. 长春：吉林体育学院，2015.

[54]李纪霞. 全国青少年校园足球活动发展战略研究[D]. 上海：上海体育学院，2012.

[55]郭永波. 篮球文化的理论框架构建[D]. 北京：北京体育大学，2004.